U0535101

危机经济学

A CRASH COURSE ON CRISES

Macroeconomic Concepts for
Run-ups, Collapses, and Recoveries

[德] 马库斯·布伦纳梅尔（Markus K. Brunnermeier）
[葡] 里卡多·雷斯（Ricardo Reis） 著
贾拥民 译

图书在版编目（CIP）数据

危机经济学 /（德）马库斯·布伦纳梅尔,（葡）里卡多·雷斯著；贾拥民译. -- 北京：中信出版社，2025. 2. -- ISBN 978-7-5217-7301-9
Ⅰ. F015-49
中国国家版本馆 CIP 数据核字第 20244UN110 号

A Crash Course on Crises: macroeconomic concepts for run-ups, collapses, and recoveries by Markus K. Brunnermeier, Ricardo Reis
Copyright © 2023 by Princeton University Press
All rights reserved. No part of this book may be reproduced or transmitted in any form or by any means, electronic or mechanical, including photocopying, recording or by any information storage and retrieval system, without permission in writing from the Publisher.
Simplified Chinese translation copyright © 2025 by CITIC Press Corporation
ALL RIGHTS RESERVED
本书仅限中国大陆地区发行销售

危机经济学

著者：　　[德]马库斯·布伦纳梅尔　[葡]里卡多·雷斯
译者：　　贾拥民
出版发行：中信出版集团股份有限公司
　　　　　（北京市朝阳区东三环北路 27 号嘉铭中心　邮编　100020）
承印者：　北京通州皇家印刷厂

开本：787mm×1092mm 1/16　　印张：13　　字数：110 千字
版次：2025 年 2 月第 1 版　　　　印次：2025 年 2 月第 1 次印刷
京权图字：01-2024-6110　　　　　书号：ISBN 978-7-5217-7301-9
　　　　　　　　　　　　　　　　定价：69.00 元

版权所有·侵权必究
如有印刷、装订问题，本公司负责调换。
服务热线：400-600-8099
投稿邮箱：author@citicpub.com

目录

第一章 导论 _ 001

崩溃 _ 002

本书的结构 _ 005

如何使用本书 _ 015

致谢 _ 017

第一部分
不断加剧的脆弱性：危机的酝酿

第二章 泡沫与信念 _ 021

一个纳入了"凯恩斯选美比赛"的泡沫模型 _ 022

日本20世纪80年代中期的泡沫 _ 028

1998—2000年的互联网泡沫 _ 030

第三章　资本流入及其（错误）配置 _ 035

一个错配模型 _ 036

欧元危机的种子是如何被埋下的：葡萄牙21世纪初的衰退 _ 043

智利20世纪70年代的自由化和1982年的宏观金融崩溃 _ 046

第四章　银行以及其他金融机构 _ 051

现代银行和影子银行 _ 053

美国的次级抵押贷款及其证券化 _ 057

西班牙21世纪第一个10年的信贷繁荣 _ 060

第二部分
崩溃：触发器和放大器

第五章　系统性风险及其放大和传播 _ 067

策略互补性、放大效应和多重均衡 _ 068

爱尔兰21世纪第一个10年的银行业系统性风险 _ 075

1997—1998年的新兴市场金融风暴 _ 078

第六章　偿付能力与流动性 _ 085

债务，以及极具挑战性的对流动性不足和失去偿付能力的区分 _ 087

德国1931年银行系统挤兑 _ 096

希腊2010—2012年主权债务危机及国际货币基金组织的作用 _ 098

第七章　私人部门和公共部门之间的联结 _ 105

"恶魔循环" / "末日循环" _ 107
2007—2010 年欧洲各国银行与其主权债务之间的循环 _ 108
阿根廷 2001—2002 年危机 _ 112

第八章　逃向安全资产 _ 115

安全资产 _ 116
欧元区 2010—2012 年危机的借贷成本 _ 120
2020 年新冠疫情期间的大避险 _ 123

第三部分
政策与经济复苏

第九章　汇率政策与复苏速度 _ 129

一个汇率和复苏模型 _ 131
墨西哥 1994—1995 年龙舌兰危机 _ 138
2008 年全球金融危机带来的持续停滞 _ 140

第十章　新常规货币政策 _ 143

准备金饱和与量化宽松 _ 145
日本中央银行自 1998 年以来的创新 _ 149
危机期间欧元区的收益率曲线 _ 153

第十一章 财政政策和实际利率 _ 157

重新审视储蓄和投资 _ 158

2020 年新冠疫情期间储蓄的增加 _ 164

美国大萧条的结束 _ 167

第四部分
结语

第十二章 结论 _ 175

注释 _ 177

参考文献 _ 189

译后记 _ 197

第一章
导论

金融崩溃会拖垮整个经济。2008—2010年的美国金融危机和2010—2012年的欧元区主权债务危机，就是其中两个非常突出的例子。与前几十年发生的那些金融危机的情况不同，这两次金融崩溃没有仅仅局限于资产价格的剧烈波动，也没有仅仅表现为市场上的"大鲨鱼"和无知者的巨大收益及损失。受到金融崩溃困扰的，也不仅限于那些从它们的金融市场运行方式中就可以看出存在制度问题和明显隐患（"断层线"）的国家——那些国家发生金融危机只是一个时间问题。事实上，这两次金融崩溃都是宏观金融危机，给全世界的家庭都带来了经济困难，无论是在富裕国家还是在新兴国家。而且有一个事实很有意思，以往，金融经济学家和宏观经济学家之间似乎存在某种"天然"的分工：金融经济学家花了很多精力试图理解金融市场的狂热和恐慌,而宏观经济学家则总是忙于理解大衰退和大萧条。

不同的是,过去10年,大量致力于剖析各个时期的金融市场和分析宏观经济剧烈波动原因的研究,都是在宏观经济学和金融学的交叉领域涌现的。研究者们探索了许多新观点、新证据,对我们观察到的现象提出了新的解释——这些解释不仅可以应用于最近这场全球金融危机,而且可以应用于过去30多年来的多场区域性宏观金融崩溃。本书对其中一些发现做了简明扼要的介绍。

崩溃

金融市场多得令人眼花缭乱。在每一个金融市场,人们都在不同的地区与不同的交易对手交易不同的资产。资产价格有所波动是再自然不过的,因为它对基本面、制度特征和人们的信念(beliefs)的无数变化都会做出反应。因此,在任何时候,总会有某个地方的某个金融市场正在经历价格或交易量的大幅下跌或上涨,这一点实在不足为奇。

但是金融危机远不止于此。金融危机是指,在同一个时期,许多个金融市场同时呈现出相同的亏损模式。一个角落的坏消息迅速蔓延到其他各个角落;一家金融机构破产,导致它无法履行对其他机构的承诺，于是引发了多米诺骨牌效应。宏观金融崩溃比一般的金融危机还要严重。当金融危机蔓延到实体经济，并在重创实体经济后反过来再一次引发金融危机时，就会发生宏观金融崩溃。这种危机伴随着急剧而深刻的衰退，其后果是数以百万计的人失业和民众收入的普遍下降；同时，相关机构也将面临极大压力，不得不拼命寻找替罪羊。本书的研究主题就是这种宏观金融崩溃。

尽管后果极其严重，但是宏观金融崩溃其实并不罕见。仅仅在过去20年间，就发生了两个同时影响了许多国家的大型宏观经济事件——2008—2010年的全球衰退和2010—2012年的欧债危机——它们都是宏观金融崩溃。同样，一些国家（如阿根廷、土耳其、黎巴嫩等）的社会生活水平大幅下降，也是宏观金融崩溃的典型例子。新冠大流行导致的2020—2021年的经济衰退，本来也有可能演变成一场新的宏观金融危机，但是金融市场出现了反弹，经济也表现出了弹性和韧性，尽管（在美国）最终带来的是高通货膨胀率。类似的，2022年2月俄乌冲突以及随后相关国家实施的制裁本来也可能会引发金融危机——而且从目前的情况来看，冲突状态或许还会延续很久，因此这种可能性依然存在。很自然地，经济学家早就开始研究了：为什么这种崩溃当初会发生？它们是如何传播的？我们怎样才能减轻它们的影响？在掌握了相关知识后，经济学家就能理解为什么这种崩溃是现代经济的一个特征，政策制定者怎样才能做好准备以防止崩溃发生，在崩溃真的发生时又该如何做出反应。像病毒一样，金融危机和经济衰退是无法根除的。但是，正如科学家可以通过努力研究，掌握病毒暴发演变成流行病的规律并知道如何控制它们一样，经济学家也在尽心竭力地研究宏观金融危机。

正如人们预料到的，经济学家已经提出了一系列可以帮助我们理解这种宏观金融崩溃的新概念。然而，在宏观经济学和金融经济学的交叉领域之外进行研究的许多经济学家，对这些新概念仍然只有一些模糊的了解。本科和硕士水平的经济学学生则大多不知道这些新概念。这是因为，关于宏观金融崩溃的当代研究成果，还没有渗透到教科书中。因此，在公共辩论或政策讨论中，宏观金融崩溃在许多时候仍然被视为经济科学中的一种异常现象。人们即便是在运用关于宏观金融崩溃的当代概念和模型时，也往往未能准确地理解它们到底是如何发挥作用的，应该如何去应用它们，以及怎样才能将它们组合成一个整体图景。本书的目标就是，站在宏观经济学和金融学的交叉点上向读者介绍这些基本概念以及相关的观点。将这些概念结合起来运用，不仅可以对以往的宏观金融崩溃给出更加丰富的描述，还可以提供关于未来可能发生的宏观金融崩溃的更加深刻的洞见。

这本书的主体内容分为10章，每一章大体上都是独立的，集中讨论一个基本概念。每一章又分成各自包含相对完整内容的三节。在每一章中，我们会先在第一节引入宏观金融领域的一个概念，并辅以相关的图表，然后在第二节和第三节运用这个概念去分析历史上两次不同的宏观金融崩溃事件。在本书中，我们更多地依赖直觉、图表和叙事，而不是正式的模型、推导或计量经济学分析。本书采用的方法是分析性的，但是对读者的知识储备要求并不太高，读者扎实地学习过经济学入门课程就可以。我们试图在本书的每一节中，都从一个模型或一个历史事件中总结出一个有穿透力的观点，但是并不打算展开对其他观点的讨论，也不准备对许多其他因素详加描述（尽管考虑那些因素后可能会描绘出一个更加完整的画面）。我们力求深刻和简明扼要，同时也充分意识到，本书主体内容30节的每一节都可以扩展成一本书。我们的目标不是为研究人员提供一个详尽的综述，而是为教师和学生提供一个可以在课堂上使用的文献切入点，以补充他们的教科书。简言之，我们试图提供一个关于"宏观金融崩溃"的速成教程。

本书的结构

　　本书的主体分为如下三个部分：宏观金融危机的酝酿，宏观金融危机的触发、蔓延和放大，以及经济复苏和旨在推动经济复苏的各种政策。

第一部分关注引发危机的各种特征。本书第二章讨论了基本面和他人行为普遍存在不确定性的世界中的人们的信念。人们的信念有时会导致大量资本流向风险资产，进而导致资产价格迅速上涨。即便任何一个关注金融市场的人都会得出存在泡沫的结论，高企的资产价格也仍然可能继续飙升。但是到了某个时刻，当资产价格不再上涨时，随之而来的往往是一场剧烈的宏观金融崩溃。为了解释这种现象，我们在第二章引入了逆向归纳（backward induction）、高阶信念（higher-order beliefs）和选美比赛（beauty contests）等概念。

第二章的第一个应用是对 20 世纪 90 年代末日本土地和股票市场泡沫的分析。在宏观金融崩溃后的整整 30 年里，日本经济的增长速度一直明显低于 1955—1985 年的增长速度。第二个应用是对 1998—2000 年的互联网资产价格泡沫（或称".com 泡沫"）的解释，当时技术变革在促进实际投资的同时，也带来了评估金融资产基本面价值的巨大不确定性。而且在那期间，面对资产价格的快速上涨，那些精明老练的投资者并没有试图逆潮流而动去抑制泡沫，相反，他们尽情地乘着泡沫的东风飞驰。考虑到当时的巨大不确定性，每个人都发现只有这样做才是有利可图的，哪怕这有引发金融危机的风险。

在大多数发生过宏观金融崩溃的国家，危机爆发之前都存在资本大量涌入的情况。资本的流动，受到了"乘着泡沫的东风飞驰"愿望的驱使，而且本身也是对金融自由化或相信未来仍将增长的乐观情绪的回应。对于资本流动，评论家们分成了两派。一派支持将资本从富裕地区重新配置到更有增长潜力的地区，另一派则警告资本流动蕴含着莫大的危险，并谴责资本的过度流动愚不可及。为此，我们在第三章引入了资本错配（capital misallocation）的概念。资本错配可以解释为何大量资本没有被配置到回报率较高的部门和生产率最高的企业；换个角度这也就意味着，某些经济增长可能掩盖了生产率停滞的僵尸企业的大量存在。

资本错配概念的第一个应用是分析21世纪初葡萄牙的萧条。欧元的诞生，以及随之而来的欧元区金融市场的一体化，导致大量资本流入葡萄牙，这本来应该预示着繁荣。然而事实恰恰相反，葡萄牙经济在2001—2008年大幅下滑，然后以崩溃告终。21世纪头20年，是葡萄牙过去140年来经济增长率最低的一个时期。类似的故事也发生在这一时期的希腊和西班牙。第二个应用是分析20世纪70年代智利的经济，智利快速的金融自由化和经济增长到1982年戛然而止，然后整个经济突然崩溃。阿根廷和乌拉圭也经历了类似的情况，只不过没有智利那么引人注目。南锥体国家的这些宏观金融崩溃事件激发出了关于资本错配的第一波经济学文献。智利的特殊经历值得我们特别关注，因为它与皮诺切特政权的兴衰交织在一起，相信许多读者对这段历史相当熟悉。

第一部分的第四章向读者介绍了各种类型的现代金融机构。不管它们被冠以银行、影子银行还是其他什么名字，现代金融机构都有一个共同的特征，即在创造流动性的同时，很容易遭到挤兑。这一章关注的主要是现代金融机构的资产负债表和融资方式，以及银行家谨慎监控和管理贷款的激励机制。这一章还解释了现代金融机构如何直接从出资者和（间接）从市场处获得资源，以及这两种资金来源又是如何使它们面临不同的风险的。

第四章的第一个应用是对美国2000—2007年房地产繁荣和崩溃的分析。我们讨论了在这场金融危机前夕，美国的银行业如何将抵押贷款证券化推进到了前所未有的程度，以及这种做法是如何导致信贷繁荣的。第二个应用是对大西洋另一边的西班牙进行分析。在此期间，西班牙的银行业中有一个子行业快速崛起，它就是名为"Cajas"的储蓄银行业（尽管在那之前的几十年里，西班牙的储蓄银行业一直处于相对停滞的状态）。这些储蓄银行主要致力于提供房地产贷款，伴随一种新的金融产品——抵押贷款支持证券兴起而成长起来，提供大量的抵押贷款支持证券。它们的故事与20世纪80

年代美国的储蓄和贷款危机或 21 世纪初英国北岩银行的兴衰有许多共同之处。

本书第二部分的研究主题是：一场危机究竟是如何发生的？这个部分的每一章都介绍了一个不同的宏观金融崩溃触发器或放大器。第五章分析了小冲击是如何通过连接不同金融机构的各个环节被放大并演变成系统性冲击的。这些联系导致了策略互补性（这是一个存在于大多数关于挤兑和宏观金融崩溃的解释中的概念）。在某些情况下，即便是小冲击也可能导致多重均衡，这就是说，即便只是对其他人将会做什么的信念发生了些许变化，也有可能引发宏观金融崩溃。与实体经济的联系进一步加强了这种关联，因为贷款减少会导致实体经济受损，进而引发新一轮的贷款削减。

第一个应用是对 2007—2008 年爱尔兰银行业危机的分析。我们剖析了爱尔兰的各家银行是如何在 20 世纪 90 年代至 21 世纪头 10 年演变形成系统性风险的，那是因为它们被在房地产上的共同投资和共同资金来源紧密联系在了一起。第二个应用则涉及 1997—1998 年的金融危机。这场危机首先在印度尼西亚、马来西亚、泰国和菲律宾爆发，在几个月后引发了中国香港、韩国和新加坡的危机。又过了几个月，危机蔓延到了俄罗斯，接着是巴西，再之后是阿根廷、智利、哥伦比亚、墨西哥和委内瑞拉。这场危机是全球性的系统性危机，将大量相似和不相似的国家及地区以相同的方式联系到了一起。

跨境资本流动大多以债务合约的形式进行。债务合约的一个重要特性是，它涉及对借款人经济偿付能力的定义。偿付能力取决于对一家机构未来盈余的预期，这是第六章的研究主题。这些盈余的现值则取决于用来对它们贴现的利率。当利率飙升时，原本有偿付能力的机构可能变得缺乏流动性，无法展期和偿还债务，尽管其盈余没有发生什么变化。像国际货币基金组织（IMF）这样财力雄厚的外部机构，即便有能力消除流动性不足的结果，也必须先将流动性不足与真正的无偿付能力区分开来，但这是一项非常艰巨的任务。我们的第一个应用是对2010—2012年的希腊主权债务危机的分析。为此我们先剖析了一系列事件是如何模糊了无偿付能力与流动性不足之间的界限的，进而又是如何导致希腊变得逐渐无力进行债务展期，并最终导致主权债务违约的（尽管国际货币基金组织也在这个过程中发挥了一定作用）。第二个应用是分析1931年一家奥地利银行为什么会倒闭，以及它如何促成了欧洲大萧条的到来。

在第五章和第六章，我们分别集中关注金融机构和主权国家的偿债问题，在第七章转而分析这两者之间的联系。银行融资与公共债务是双向紧密相连的。从其中一个方向来看，银行危机通常伴随着巨大的财政成本。在经济衰退期间，政府不得不直接下场救助银行，同时又面临着税收收入下降、社会福利支出增加的难题。而从另一个方向来看，当公共债务风险变得更高时，其价值就会下降，持有这些债务的银行的资产负债表就会受损。这就形成了一个恶性循环，将金融机构和政府捆绑在一起，并把它们推向厄运。

　　第一个应用针对的是自2010年以来塞浦路斯、希腊、爱尔兰和意大利等欧洲国家的银行系统。在过去的10年里，许多家银行的规模都变得非常庞大，特别是相对于它们所在国家的规模而言，因为它们能够利用欧盟创造的共同市场和共同货币。然而，当麻烦袭来时，真正陷入困境的却是这些银行所在的国家。第二个应用讨论的是2001年的阿根廷危机。当一个国家的政府难以对其公共债务进行展期时，一个常见的反应是利用自己对国内银行的影响力，让它们购买这些债务。这种形式的金融抑制在阿根廷最终爆发危机前几十年一直很常见，但是2001年的事件很好地说明了这一点。

　　这个部分的最后一章定义了安全资产的概念，并讨论了宏观金融危机中另一个非常重要的现象：逃向安全资产（flight to safety）。在发生宏观金融崩溃的时候，即便各个地区、部门或机构的感知风险都上升了，还是会有一些地区或资产的利率变得异常低。于是投资者会把他们的投资组合从高风险资产转为他们认为的安全资产（即便相对安全差异其实非常小）。而他们逃向安全资产的举动，又会增加安全资产的流动性，并促使其价格上涨，从而证明了安全资产被感知到的安全性。因此，"安全"资产的安全性在一定程度上是自我实现的。

我们的第一个应用是解释2010—2012年的欧元区主权债务危机，以及从欧洲外围国家到核心国家的逃向安全资产行为。尽管在欧债危机之前，所有主权国家的债券都被认为是安全的，但是随着危机的爆发，外围国家的政府债券失去了安全资产的地位。于是对于这些国家的债券，投资者就从追逐风险转向了规避风险。第二个应用是对2020年第二季度资本从新兴市场流向美国的分析。尽管在当时，相对于大多数新兴经济体，美国经济受疫情影响更大，美国经济因疫情封控措施而遭受的损失也更严重，同时美国政府的财政也面临着更大压力，但还是出现了这种资本流动。

本书的第三部分，也是主体内容的最后一部分，讨论了对于宏观金融崩溃的经济政策反应及其对经济复苏的影响。第九章首先讨论汇率政策。在宏观金融危机中，汇率贬值可以提振出口，但是如果国内借款人在那之前借入了外币，这种政策也会损害他们的资产负债表。这一章讨论了这类货币错配、导致资产负债表效应的各种渠道，以及金融市场是如何放大了资产负债表效应的。汇率贬值的资产负债表效应，可能会比汇率贬值对本国贸易平衡的传统促进作用更大。在这种情况下，一定程度的资本管制和外汇干预可能是值得的。

我们首先将这些观点应用于对1994年墨西哥危机的分析。墨西哥发生的事情说明，在美元化程度已经相当深的许多新兴经济体，宏观金融崩溃发生时美元化与汇率贬值会相互作用，从而加剧经济衰退。第二个应用是讨论全球经济从2008—2010年的全球衰退中复苏的进程。这场自大萧条以来最大的全球宏观金融崩溃留下了很多"疤痕"，它们在很长一段时间内阻碍了全面复苏。我们讨论了这些"疤痕"效应，然后证明，由于复苏实在过于缓慢，经济的趋势增长率永久性地降低了。

第十章转而讨论货币政策。全球金融危机爆发以来的10年间，几乎所有发达经济体的中央银行都采取了两项新政策。首先，它们扩大了资产负债表的规模，以满足对中央银行储备的更高、更不稳定的需求。其次，它们使用前瞻性指引和量化宽松政策降低了长期利率，以便刺激可能因危机而受到抑制的投资。时至今日，这两项政策都仍然被称为"非常规货币政策"。然而，它们已经存在了这么长的时间，而且使用频率比原有的常规政策——提高和降低短期利率——高得多，因此，理解它们对于理解中央银行对当今世界的意义至关重要。

我们的第一个应用是讨论日本中央银行的政策。自1998

年以来，日本中央银行一直走在货币政策革新的最前沿。我们的第二个应用是分析2008—2015年的欧洲中央银行。与美国联邦储备委员会（或英国中央银行）一揽子地采用这些政策不同，欧洲中央银行是一次一项地实施这些政策的，因而我们更容易描述这些政策并观察其影响。

最后，第十一章转向讨论财政政策。金融市场的一个主要作用是为储蓄者和投资机会牵线搭桥。在两者匹配成功的情况下，其价格通常记为r^*，即在长期均衡中储蓄与投资相等时的利率。宏观金融危机，无论是就其原因还是就其后果而言，都会影响r^*的值。此章在讨论影响r^*的各种因素时，引入了动态无效率（dynamic inefficiency）和预防性储蓄的概念，并分析了这些因素在金融危机期间是如何变化的。通过决定公共储蓄水平，财政政策是可以用来影响r^*的，特别是在发挥其自动稳定器的功能方面。财政政策的有效性取决于政府支出对私人投资的挤出程度。

第一个应用是研究2020年底美国、欧盟和英国的储蓄率，并探讨这些因素对于疫情演变为宏观金融危机的可能性意味着什么。第二个应用是分析美国是如何从20世纪30年代的大萧条中复苏的，并探讨了财政赤字在其中所扮演的角色——既通过新政，也通过与第二次世界大战相关的军事支出。

如何使用本书

在撰写本书的时候，我们考虑到了两类读者的需要。第一类是经济学专业的本科生或者硕士生，也包括经济学专业的教师和研究人员。多年来，我们两位作者在讲授中级宏观经济学和货币银行学等课程时，一直都用本书包含的材料去补充现有的教科书。由于本书的每一章都是独立的，因此教师可以自行选择在课堂上使用哪些概念和章节。我们在第四部分提到了本书不同章节之间的关系，这样想要更深入地了解它们之间联系的读者可以阅读"结语"部分。我们假设读者只熟悉经济学入门课程，因此本书从教学的角度阐述相关经济学概念，并尽量做到不泛泛而谈。

又或者，教师也可以将整本书作为教材，讲授一个学期的宏观金融学课程。另外，专业经济学家如果想了解本书涉及的各个领域的研究进展是如何结合在一起的，应该也会发现本书很有用。我们在网站上提供了本书的全套幻灯片，以及每个数字背后的数据源和计算过程，因此本书的所有内容都是可以被复制、修订和扩展的。

本书的第二类目标读者是政策制定者和具备一定知识的公众，他们希望了解和掌握对宏观经济及金融政策有指导作用的基本概念。本书就是为了作为他们的文献导引而写的。

本书的讨论是定性的，是将不同经济因素隔离开来分别加以讨论的，而且没有对它们进行量化。我们还描述了许多历史事件，目的是更清晰地阐明这些概念。

利用本书材料的另一种方法是跳过对于不同危机的分析内容，如此本书就变成了一个关于宏观金融危机各个组成因素的更具理论性的入门读本。对那些想更彻底地研究某个特定历史危机的人来说，也有另一种选择，那就是单独阅读本书的相关部分，即只考虑一种经济力量。无论读者以哪一种方式使用本书，它都会帮助读者更好地理解危机背后的各种因素；我们相信，这种理解对防止另一场危机的发生有重要的指导意义。

为了方便读者，我们尽力把本书写得简短些。虽然我们涵盖了很多领域，但是通篇行文力求简洁，书中给出的分析性讨论也没有刻意追求详尽无遗；同时，我们仍然尽可能地保留了每一场危机背后的所有历史细节。如果好奇的读者读到最后还不完全满意，还想了解更多，那么我们就可以宣称本书取得了成功。我们还在每章的注释中提供了详细阐述模型或历史事件所需的进一步阅读材料。本书不是一份文献综述，所以引用的参考文献并不是书中讨论的思想和观点的智识来源。它们只是关于下一步应该读些什么的建议。[1]

致谢

  2010年，我们与路易斯·加里卡诺、菲利普·莱恩、山姆·朗菲尔德、马可·帕加诺、塔诺·桑托斯、戴维·泰斯马尔、斯泰恩·范纽维尔伯格和迪米特里·瓦亚诺斯一起参加了一个关于欧洲主权债务危机的讨论小组。与他们的讨论，在很大程度上塑造了我们对宏观金融危机的最初看法。后来，我们以本书的初稿为材料，在哥伦比亚大学、伦敦经济学院和普林斯顿大学带出了好几届学生。我们这项教学活动历时多年，学生们诚挚地给了我们许多非常中肯的评论，让我们相信简短扼要比面面俱到更好，这为我们继续推进这个项目提供了至关重要的激励。约瑟夫·阿巴迪、布伦丹·基欧、夏兰·马歇尔、乔·马歇尔、塞巴斯蒂安·默克尔、尼卡·瓦西奇、安妮·王和章子乔通读了本书的初稿，并提了许多非常好的改进建议。在撰写本书的最后阶段，阿德里安·库蒂里耶、卡曼·吕和鲁伊·索萨为我们的研究提供了极其出色的协助，他们收集数据、查阅文献，并不知疲倦地编辑我们的作品。研究也需要资金支持，为此我们非常感谢欧盟"地平线2020"研究和创新计划提供的资金支持（拨款项目编号为 GA：682288）。

第一部分

不断加剧的脆弱性：危机的酝酿

第二章
泡沫与信念

金融危机以及与之相关联的崩溃发生之前，往往会出现如下现象：有些资产价格大幅上涨（有时甚至呈现为指数级飙升），以及投机者近乎疯狂地买卖这些资产（他们试图以快进快出的方式获利）。这种投机性资产泡沫可以追溯到很久以前。在1634—1637年阿姆斯特丹郁金香泡沫的顶峰时期，一个郁金香球茎的价格就超过了一座豪宅的。英国的南海泡沫和法国的密西西比泡沫则导致了1719—1720年的过度投机。英国的霍尔银行从南海泡沫中获利颇丰，包括牛顿在内的其他一些投资者也少少地赚了一笔。不过，牛顿的投资算不上非常成功，事实上，由于对自己的交易经历感到相当沮丧，牛顿后来总结道："我可以计算天体的运动，但不能计算人类的疯狂。"[1]

在很多时候，这种泡沫会对宏观经济产生严重的实际影响。在过去一个世纪里，这种投机性资产泡沫最出名的一个例子是美国在1929年宏观金融崩溃和大萧条之前的"咆哮的20年代"。值得一提的同类例子还有很多。比如20世纪80年代的日本，股价和房价都飙升到了难以想象的高度，然而宏观金融崩溃不期而至，随后就是"失去的30年"，日本的生产率在那期间一直未能得到有效改善，经济也鲜有增长。更晚近的一个例子是，2000年3月美国股市崩盘暴跌之前，互联网企业的股票一再暴涨——这种现象在当时被观察家称为"非理性繁荣"（irrational exuberance）。在许多情况下，伴随金融体系崩溃而来的，不仅仅是价格的下跌，还有失业率的急剧上升，而且此后失业率也只能非常缓慢地降低。许多经济学家建议，要想防止泡沫累积，必须采用所谓的宏观审慎监管政策。本章讨论了这个酝酿阶段。这是风险变成现实和危机爆发之前的一个阶段，也是泡沫、失衡和风险逐渐积累的阶段。[2]

一个纳入了"凯恩斯选美比赛"的泡沫模型

当一项资产的价格，因为投资者认为他们可以在未来以更高的价格将该项资产出售给其他投资者而上涨到了高于基本面价值的程度时，泡沫就出现了。资产的基本面价值是由对收益流进行贴现后的现值（边际效用值）决定的，而收益流一般包括股票的股息、债券的利息和房地产的租金。凯恩斯在他的不朽名著《就业、利息和货币通论》中对投资者和投机者进行了区分，前者购买资产是为了获得股息流（基本面价值），后者购买资产则是为了获得转售价值（在泡沫消退或破灭之前）。后来，海曼·明斯基对泡沫的特征给出了一个不那么正式的早期描述，并区分了泡沫发展的各个阶段。最早出现的是替代阶段（displacement），例如，新技术或金融创新的出现，给人们带来了利润增加和经济增长的预期。这种预期进而导致了繁荣阶段的出现，其特征通常是低波动性、信贷扩张和投资增加。资产价格随之上涨，起初速度较慢，但是随后势头越来越猛。在繁荣阶段，资产价格的上涨幅度已经超过了创新带来的基本面的改善。接下来是狂热阶段，投资者疯狂地交易已经被高估的资产。虽然当价格以爆炸性的方式不断上涨时，投资者可能会意识到，或者至少可能会怀疑，也许存在泡沫，但是他们有信心在未来将资产卖给更大的"傻瓜"。通常来说，这个阶段总是伴随着极高的交易量和巨大的价格波动。然后，在某个时候，老练的投资者开始减少他们的头寸，兑现他们的利润，于是就进入了获利回吐阶段。这个阶段可能会持续一段时间，不太老练的投资者仍然会带来足够的需求（他们可能是这个特定市场上的新手)。然而，到某一点上，资产价格开始快速下跌，从而宣告恐慌阶段的到来，投资者纷纷大举抛售资产。[3]

下面考虑一个具体例子。假设投资者分为两类：非理性的动量投资者和更加老练的成熟投资者。动量投资者具有外推性预期，即随着价格的上涨，他们会变得越来越乐观，认为资产的价格将继续上涨。在最初的替代阶段，基本面利好消息不断传来，推高了资产的价格和基本面价值。当基本面价值增长开始放缓，同时资产价格继续上涨时，泡沫就开始形成了，因为具有外推性预期的非理性投资者将最初的价格上涨视为价格将进一步上涨的信号。由于他们越来越看好后市，因此更多地买入，从而进一步抬高了价格，这也就证实了他们的（错误）信念，即从当前的价格上涨可以外推出未来的价格上涨。而且，外推性预期也可能来自新的投资者群体，他们听到了价格不断上涨的消息，并且希望参与到这个泡沫中来。

那么，为什么其他更老练的投资者对泡沫不加以抵制，即从一开始就去阻止泡沫出现呢？一个快速膨胀的泡沫之所以能够持续，是因为即便是理性的投资者也可能会发现利用这个泡沫更有利，尤其是他们中的许多人要同时卖出才能戳破这个泡沫。当然，这样做也是有风险的，因为当资产价格泡沫破裂时，他们也可能无法全身而退，就像牛顿在1720年所经历的那样。这些理性的投资者会去尝试预测泡沫还将持续多久，而泡沫能否持续是由其他（成熟老练的）投资者的交易行为决定的。因此这里就出现了一个协调问题，它可能导致泡沫持续存在。对于这种情况，凯恩斯当年给出过一个非常著名的比喻：这种投资选择让我们想起一个特殊的选美比赛，即交易者要努力尝试的，并不是选出最漂亮的那个女子，而是他们认为大多数其他交易者都认为最漂亮的那个女子。[4]

图2-1是泡沫发生路径的一个简单模型。具体来说，我们假设，即便在价格超过基本面价值之后，具有外推性预期的动量投资者仍然会继续买入。动量投资者的买入会一路推高价格，除非有1/3或更多的成熟交易者反其道而行。每个成熟的交易者都想驾驭泡沫，但是在达到前述1/3阈值的那一刻之前就会收手，因为只有到那个时候价格才会开始下跌。因此，每个成熟的交易者面临的挑战都是一样的，即预测其他成熟的交易者会怎么做。

先来看一个精明老练的成熟交易者的初始信念，或称一阶信念（first-order belief），他会认为，其他成熟交易者可能会在泡沫出现后的第0个时期、第60个时期或介于这两者之间的任一时期停止利用泡沫获利，而且每一个时期决定兑现

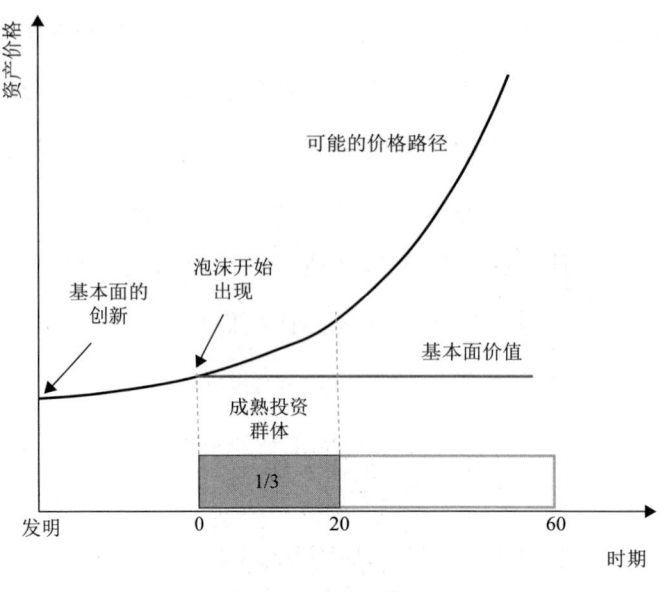

图 2-1 泡沫与信念

利润的成熟交易者的数量都应该一样多。在这种情况下，他预计泡沫将会在开始出现后的（1/3）× 60=20 个时期内破裂。因此，在发现资产价格超过基本面价值之后，他不会想一直持有该资产超过 20 个时期。然而另一方面，如果在第 20 个时期到来之前就卖出资产，那么他获得的利润将少于继续与泡沫共舞的利润，因为具有外推性预期的交易者还会进一步推高资产价格。因此，他会选择在泡沫出现后的第 20 个时期准时出手"攻击"泡沫。

然而，我们所说的这个精明老练的成熟交易者很快就会进一步意识到，其他所有老练的交易者也会做同样的算计。如果是这样，在泡沫出现后第20个时期，所有老练的交易者将同时抛售资产。到了那个时候，只有动手最快的前1/3老练交易者能够成功脱手，以高价卖出资产，而其余2/3的人将不得不在泡沫破裂后赔钱。因此，通过第二阶推理，这名成熟交易者得出的结论是，自己应该在第19个时期卖出资产，兑现（稍低一些的）确定收益，而不应该以1/3的机会去追求稍高一点的收益。然而，他很快就会再一次意识到，其他人可能会以同样的方式进行推理。于是通过第三阶推理，他得出的结论是，自己应该在第18个时期就卖出资产。这样一直推理下去——这个过程就是通常所称的逆向归纳法——所有老练的交易者最终都会在泡沫刚开始出现时，即当价格超过基本面价值时，就卖出资产，而这也就意味着，泡沫从一开始就不会出现。

显然，这个结论要求这些精明老练的成熟交易者（或者至少1/3的成熟交易者）是完全理性的。然而，无论是来自投资者在真实资本市场中的实际交易行为的证据，还是从人们参加的类似简单博弈实验中收集的证据，都表明人们无法完全理解并最大限度地利用上述逆向归纳法。事实上，有许多人是一阶推理者，所以他们会在泡沫开始后的第20个时期才卖出；二阶推理者则选择在第19个时期卖出，三阶推理者在意识到上述推理过程后，会得出应该在第 18 个时期抛售资产的结论……如此类推，不同的交易者选择在不同的时期卖出。一个完全理性的交易者要解决的关键问题是，准确地预测市场中有多少一阶推理者、二阶推理者、三阶推理者……乃至无限阶推理者。在得出这个预测的结论之后，他就可以计算出自己与泡沫共舞的最优时间。

由此很显然，这位成熟投资者的设想是，一直乘着泡沫御风而行，直到高阶推理者在整个人群中所占的比例超过 1/3。正是这种预期，让泡沫得以产生并持续存在。

对泡沫的这种"攻击"的实际发生时间，既取决于具有外推性预期的交易者的数量及其对资产价格的影响，也取决于推理阶次较低的成熟交易者的数量。这两类交易者的行为都会导致泡沫持续更长时间。外推性预期是泡沫的关键驱动力，即便是非常老练的成熟交易者也不会在一开始就想去逆转它。

日本 20 世纪 80 年代中期的泡沫

在 20 世纪 80 年代末期，日本经历了一个巨大的股票市场和房地产泡沫（如图 2-2 所示）。从 80 年代初到 90 年代初，股票价格翻了两番多，而商业房地产价格更是在 11 年间上涨了 6 倍多。在泡沫的巅峰时期，日本的土地总价值大约占到全球财富总额的20%。东京皇宫周围的土地，虽然总面积仅为3/4平方英里左右（约1.94平方千米），但是估计价值相当于美国加利福尼亚州全州或加拿大整个国家土地的。

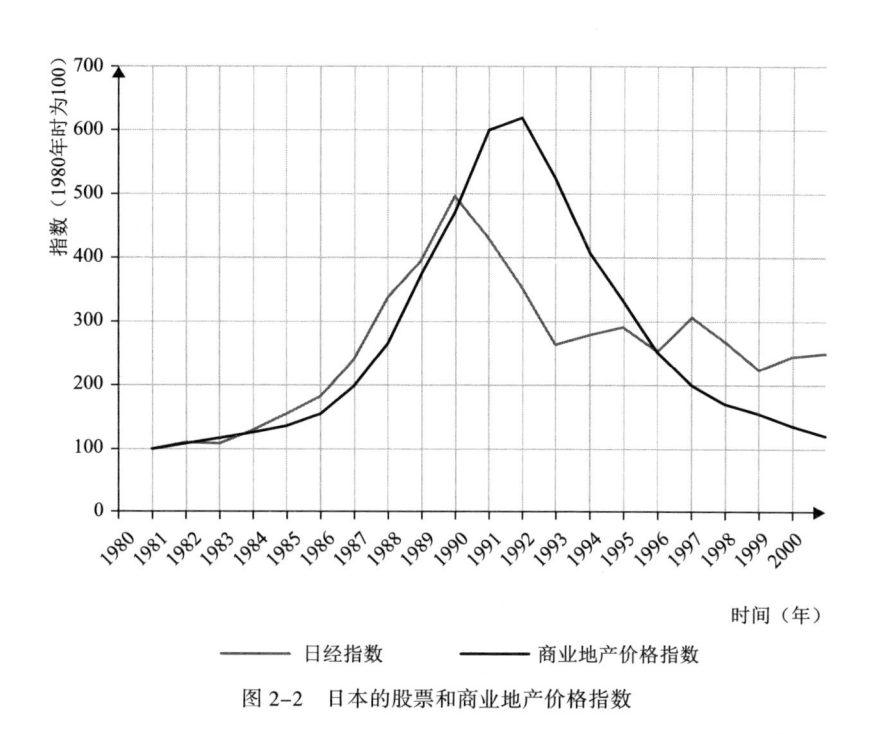

图 2-2 日本的股票和商业地产价格指数

通常认为，股票和房地产价格的最初上涨，即明斯基所称的"替代阶段"，可以用基本面的两个变化来解释：一是利率下降，二是金融自由化。在20世纪80年代中期，日本面临着通过刺激国内需求来减少贸易顺差的强大国际压力，特别是来自美国的压力［美国对日本的经常账户赤字占其 GDP（国内生产总值）的比重达到了 3.5%］。日本政府不愿意扩大政府支出，决定通过降息来刺激经济，于是在 3 年内，将利率从 1986 年 1 月的 5% 一路下调至 1%。而且，日本 20 世纪 80 年代的多轮降息都是在金融自由化的背景下发生的。以下两个例子就可以充分说明当时金融自由化的程度。第一个例子是，普通人可以在没有真实交易证明的情况下在汇率上押注（通过远期外汇合约）；第二个例子是，在此之前对短期资本流动的各种限制（日元兑换的规则）都被取消了。此外，日本的大型企业还可以通过发行附认股权证的债券来筹集资金（它们主要在伦敦上市交易）。金融自由化和低利率的结合，提振了股票和房地产等实物资产的基本面价值，进而导致了对股市和房地产市场不断上涨的预期。于是，外推性预期占据了上风，新的投资者争先恐后地冲进了市场，导致资产价格进一步上扬。尽管繁荣阶段确实始于投资的扩大和 GDP 的增长，但是，随着 1991 年的股价暴跌，泡沫破裂，接下来是长达几十年的经济停滞。[5]

1998—2000 年的互联网泡沫

20 世纪 90 年代末，在互联网热潮的推动下，科技公司股价大幅上涨。在这场泡沫盛宴的替代阶段，驱动力量是技术创新，而非金融创新。技术进步，就像出现于19世纪30年代和40年代的铁路繁荣一样，导致了兴奋和过于乐观的预期。例如，投资者认为许多初创企业可以在市场上占据主导地位，并获得垄断利润。虽然对其中一些企业来说，这种预期可能会变成现实，但是对大多数企业来说，这仍然只是一种外推性预期。这场"非理性繁荣"的另一个标志是，在自己的名字中加上"互联网"等词的公司的股票价格都出现了大幅上涨。

泡沫得以持续存在的一个特征是，更老练的投资者并不反对这种"非理性繁荣"，相反，他们更喜欢通过"驾驭"快速膨胀的泡沫来获利。

从图2-3可以看出，对冲基金（其投资者是最精明老练的）在这场"非理性繁荣"中对科技股的敞口明显过大，因此完全没有发挥价格修正力量的作用。与市场平均投资组合相比，对冲基金的投资组合严重偏向于定价过高的科技股。这种过大的敞口在1999年9月达到了最高点，那大约是科技泡沫顶峰出现的6个月之前。只要对冲基金经理能够预测投资者的情绪变化和狂热程度，乘着泡沫御风而行就是有利可图的。他们对科技股采取了轮动炒作的方法：在定价过高的科技股价格暴跌之前就开始减持股票，转而持有价格仍在上涨的科技

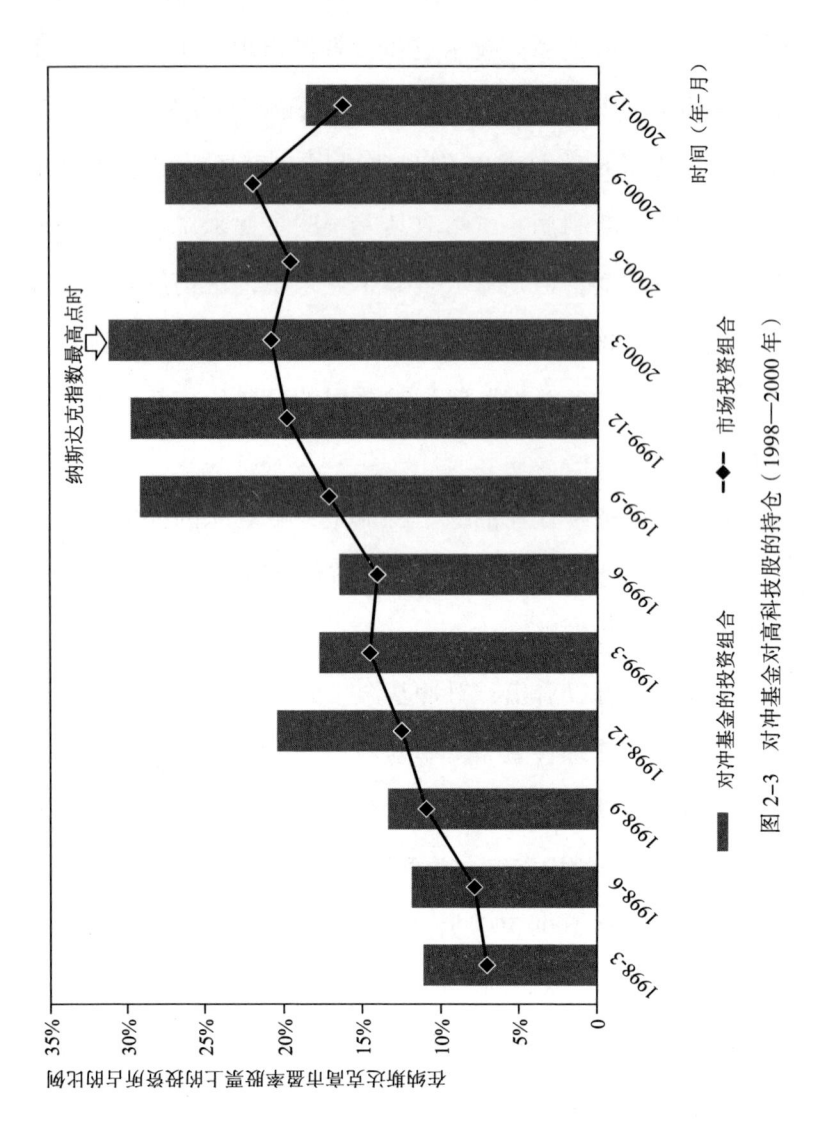

图 2-3 对冲基金对高科技股的持仓（1998—2000 年）

股。结果，这些对冲基金经理一方面抓住了股价上升的机会，另一方面又避开了大部分的股价下跌。这正是这些管理他人资金的对冲基金经理特别倾向于试图"驾驭泡沫"的另一个原因。投资者在评估对冲基金时所采用的是相对基准，这意味着基金经理不搭乘泡沫"东风"反而有很大的风险。如果某个基金经理过早放弃利用一个仍在不断涨大的泡沫获利，那么他就会跑输基准指数，这样投资者就有可能抛弃他管理的基金，转而投入其竞争对手的怀抱。在这种情况下，这些业绩表现不佳的基金经理将不得不持续缩小投资规模（迫于不断增大的赎回压力不得不一再平仓），从而错过股票价格上涨的机会。

互联网泡沫刺激了创新性的实体投资，如光缆、计算机等，正如19世纪30年代和40年代的铁路投资一样。新技术的普及，通常必须克服非常重要的协调问题。如果A公司不想进行投资、不愿改变自己的生产工艺，那么B公司也会没有动力去改变生产工艺。不过，创新泡沫通常会带来狂热的投资和廉价的资金，有可能推动全面的范式转变，从而带来全新的基础技术。这与非技术驱动的（非投资性的）泡沫形成了鲜明对比，后者的一个例子是房地产泡沫，这种泡沫不会带来生产率的持续提高。[6]

这一场互联网泡沫并没有以宏观金融危机告终。与其他泡沫相比，比如导致 1929 年宏观金融崩溃以及随后的大萧条的 20 世纪 20 年代的股市泡沫，这场互联网泡沫有一个非常显著的特征，那就是，大多数股票都是投资者直接买入的，而不是通过债务融资买入的。债务融资和杠杆化会使风险集中在少数人手中，对金融体系产生非常不利的连锁效应，进而导致实体经济出现更大的混乱。[7] 宏观审慎监管的目的是防范信贷融资泡沫，以降低泡沫出现或持续的可能性。预先对风险的累积做好防范，比清理泡沫破裂后的灾难现场更加有效。由于泡沫往往难以识别，政策往往侧重于对可以用来为泡沫融资的信贷和杠杆进行数量上的限制。

第三章
资本流入及其（错误）配置

在宏观金融崩溃发生之前，通常会有充裕的信贷在一段相当长的时间里支撑投资热潮。在某些情况下，充裕的信贷是金融市场自由化的结果。通常而言，这种信贷是由借款者和贷款者的乐观预期推动的，而且几乎总是廉价和充足的。同时，金融市场则成长为从储蓄者到借款者的大量资本流动的中介。

因为较贫穷的地区通常有更多的投资机会，而较富裕的地区通常拥有更多的储蓄者，因此资本一般是从发达地区流向发展中地区。住房往往会成为这种资本流动的枢纽，这既因为它是许多人都拥有的最大的风险资产之一，也因为它可以很容易地用作借款的抵押品。对建筑业和房地产服务需求的上升，推动了经济活动，促进了就业。对于危机酝酿阶段的资本流动，有人之所以持善意观点（这也是普遍观点），就是因为他们关注的是这种大规模资本流动带来的好处——它促进了金融市场的一体化，带来了经济繁荣，并且使各个地区之间的收入水平变得趋同。

相反，对于资本流动，现代观点则主要关注它是如何在部门之间、企业之间配置的。较贫穷的国家不仅资源更少、投资机会更多，而且通常更不善于将资本配置到最具生产性的领域。它们的金融市场（从广义上说，金融市场可以定义为在不同用途之间配置资本的市场）还不够深化。这是政治干预和银行及金融市场共同造成的，前者体现为各种各样的税收和监管措施，还有腐败问题，即以牺牲其他部门和企业为代价来支持某些特定的部门和企业；后者在治理方面存在大量问题，同时在评估项目时也远远称不上成熟。突如其来的金融一体化虽然增加了资本存量，但同时也加剧了这种错配问题。在有了更充裕的资金资源之后，银行经理们在筛选项目时变得更加懒惰了，政治家们也不那么渴望推动结构性改革、促进竞争和减少寻租了。因此，即便投资和产出能够增长，生产率也可能会下降。[1]

一个错配模型

为了更好地理解投资繁荣是如何与严重的错配联系在一

起的，我们先来看一个简单的模型。假设一个经济体只有两个部门，每个部门都有若干家企业，这样一来，就有可能发生两种错配：部门之间的错配和部门内部的错配。第一个部门是贸易部门，简称为T部门，它生产的是在竞争激烈的国际市场上交易的商品，制造业就是这种部门的一个很好的例子。第二个部门是非贸易部门，我们称之为N部门，它只为国内市场生产商品，这些商品因为受到了特定天然壁垒和政治壁垒的保护而免于竞争，建筑业和房地产业就是非贸易部门的两个合适的例子。

经济体必须在这两个部门之间配置稀缺的资本。图3-1a显示了这个经济的生产可能性曲线，这是一条向下倾斜的曲线，它表明，部门N要多生产一个单位的商品，就必须将一定的资本从部门T转移过来，从而降低部门T的产出。对这两种商品的偏好是用凸向原点的无差异曲线表示的。在理想情况下，经济将运行在A点上，因为在这一点上，配置给两个部门的资源在权衡后能实现最高效用。

然而，部门N是处于局部利益（群体）的保护之下的。政客们对建筑业雇用的选民数量、公共工程的曝光率（"政绩"）以及它们对选举的影响非常敏感，甚至可能对当地政客和当地开发商之间的密切关系非常敏感（这种关系最终可能导致腐败）。反过来，当地的银行家也更喜欢向建筑项目发放

a 部门间的错配

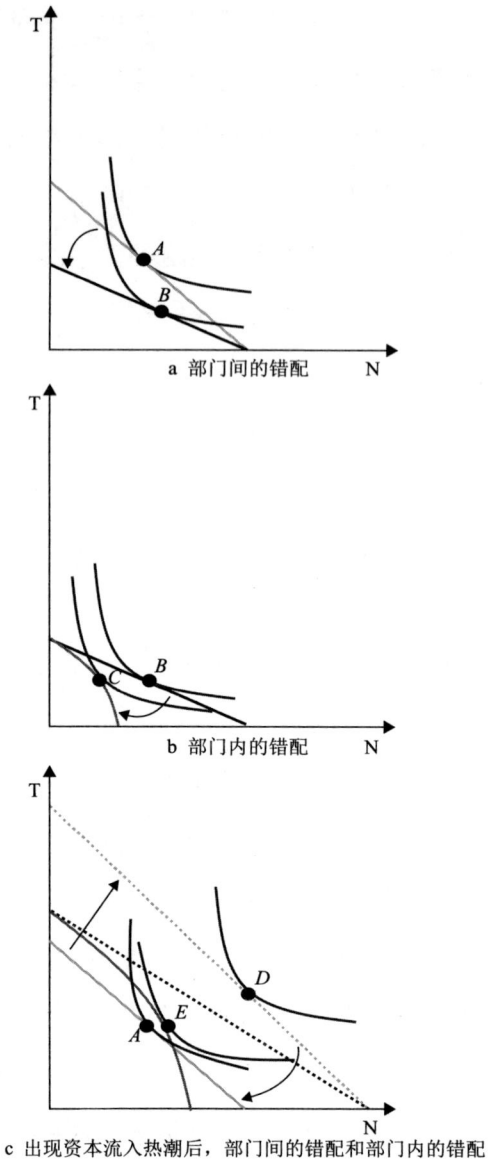

b 部门内的错配

c 出现资本流入热潮后,部门间的错配和部门内的错配

图 3-1 部门间的错配和部门内的错配

贷款，因为这些项目有抵押品，而且容易定价。同时，许多大型建筑公司往往是当地银行的重要股东，因而可以向银行经理施加压力，从而在其分配信贷时能得到特别照顾。最后，由于建筑业和非贸易部门的其他行业受到了保护，不必直面外国竞争，因此它们也更容易形成地方性卡特尔组织并协调提供政治捐款。

对一个部门进行有效的补贴就意味着对另一个部门征税，因为这两者都会改变在一个部门而不是在另一个部门投入资本的相对回报。因此在前文描述的情况下，部门 T 中的企业现在相当于要缴纳一个（相对）产出税，这显然会减少缴纳这种税收之后的资本边际产量。由于将一个单位的资本从部门 T 转移到部门 N 只能产生较低的回报，所以生产可能性曲线现在变平缓了。这种有利于部门 N 的过程为那些有良好政治关系的人创造了寻租空间，他们可以攫取资本并获得补贴或避税。于是，很多人就会把大量精力和资源转用于获取这些寻租空间。这些浪费性活动不仅不会创造任何新的产出，还会直接减少经济活动中的资源，导致生产可能性曲线更加靠近原点。简单起见，我们给出的图 3-1a 假设部门 T 的所有税收都以这种方式耗散了，因此新的生产可能性曲线是原生产可能性曲线向左旋转的结果。在发生这种部门之间的错配后，这个经济的新均衡将出现在 B 点。

此外，部门 N 内部也可能存在错配，这是图 3-1b 关注的焦点。由于不受外国竞争的影响，这个部门要游说地方立法当局出台限制国内竞争的地方法规就更加容易。有些时候，这种限制采取的形式是设立种种壁垒，防止企业发展得过大。政客们也乐于公开宣扬小企业的优点，因为人们通常把企业家精神视为实现收入流动的一种有效途径，而且小企业雇用了大部分当地人口。此外，由于金融市场不够发达，银行缺乏专业管理人才和适当的工具来分散信贷组合，因此它们对向少数大公司发放大额贷款持谨慎态度。这种情况一旦发生，就会导致部门内的错配，即偏向于规模更小的企业，这是因为企业规模的分布是左偏态的（left-skewed）。然而另一方面，尤其是在新兴经济体，大公司有时又会得到特殊待遇。政客们特别青睐这样一些大企业，它们通过雇用大量选民而拥有了更大的政治影响力，并且手中持有提供基本政府服务的大型合同。金融市场也青睐这类规模更大的企业，因为它们的所有者可能是向非金融业务提供信贷的银行的大股东和董事。

作为例子，我们在这里通过一个简单的模型分析偏向小型企业的情况（不过，对称的论证也适用于偏向有良好关系的大型企业的情况）。在这个模型中，企业的规模受到了限制，即一家企业最多只能出售 1 个单位的产出。请读者想象如下情形：假设有若干企业都有能力生产商品 N，同时市场对这种商品的需求为 3 个单位。有一家企业是生产效率最高的，它能够用 3 个单位的资本生产出全部 3 个单位商品（因此它的生产率是 1）；然而在存在前述上限的情况下，它最多只能生产出 1 单位的商品。效率排行第二的企业，生产率较低，如果处于完全竞争环境，它会破产，但是现在发现自己也有能力去满足需求；它的生产率只有最有效率企业的 1/3，即需要 3 个单位的资本投入才能生产 1 个单位的商品。效率排行第三的企业也能够维持运转，尽管它需要 5 个单位的资本才能提供那最后 1 个单位的商品。因此到最后，这 3 个单位的商品是用 9（1+3+5）个单位的资本投入生产出来的，总生产率仅为 3/9=1/3。相比之下，如果这个部门不对企业的成长设置壁垒，那么生产率将为 1（3/3）。这种错配的一个迹象是，由于禁止市场将生产率较低的企业排挤出市场，因此生产能力在继续运营的企业之间会越来越发散。

图 3-1b 显示了发生在部门内的这种错配的结果。每增加 1 个单位的商品 N，这个部门的生产效率都会降低一些，因此遭到扭曲的生产可能性曲线会凹向原点（因为需要更多的资本才能生产出 1 个单位的商品 N，所以要获得额外的商品 N，就必须减少商品 T 的生产）。

图 3-1c 综合了前文提到的所有因素，告诉我们突然有大

规模的资本流入之后会发生什么事情。首先，如果前面假设的那个世界中的低效率不存在，那么资本的流动将会使得均衡点从 A 点移动到 D 点。然而，（过于）丰富的资源加剧了部门间的错配和部门内的错配，因此经济最终会到达 E 点。其次，在政治领域，达成协议和进行结构性改革的压力由此得以缓解。而在金融领域，充裕的信贷大水漫灌般地流向了众多接受者，这就使得区分生产性项目和非生产性项目变得更加困难。最后，大量资本流入会加剧错配的另一个原因是，资金可能流向供给弹性低的资产，从而推高这些资产的价格。由此产生的资本收益会引发外推性预期，进而导致资产价格泡沫。[2] 泡沫反过来导致抵押品和融资约束的放松，进一步刺激对特定部门的信贷（哪怕这些部门的效率并不是特别高），特别是建筑部门，因为土地的供给往往是固定的，同时又是最常用的抵押品。

就一个资本稀缺的贫穷国家而言，在资本流入之前，经济可能位于类似图 3-1b 的 B 点和 C 点上，但是这些点与图 3-1a 中有效率的 A 点的距离其实可能很小。这些国家有了更多的可用资本后，经济就会扩张。如果这些新增资本能够通过深化的金融和政治市场得到有效配置，那么经济就可以从 A 点移动到 D 点。于是经济活动水平将会提高，福利也会随之增加。在这个简单的经济体中，生产率将保持不变，甚至有可能提升，因为有一部分资本是用来采用新技术的。

当金融市场过于"浅薄"时，资本的流入反而会加剧错配，经济将会到达 E 点，那里离 D 点很远，而离 A 点可能并不远。在这种情况下，尽管有新的资本流入，但是经济也只能达到适度繁荣，甚至可能几乎不会出现繁荣。由于新流入的资本被错误地配置给了与政府关系更密切、生产率更低的企业，因此总体生产率将下降，生产率的离散度将上升。当然，最重要的是，即便经济的产出已经变得很少了，积累下来的外国资金也必须在未来的某个时候偿还，而这又会导致其他一些问题，本书下面各章将探讨这些问题。[3]

欧元危机的种子是如何被埋下的：葡萄牙 21 世纪初的衰退

1999 年 1 月 1 日，欧盟的 12 个国家采用了共同的货币，以欧元为记账单位。目标是早在 1991 年 12 月通过的《马斯特里赫特条约》（即《欧洲联盟条约》）就确定下来的：深化商品和服务的单一市场，并建立能够消除欧洲地区资本自由流动障碍的制度。共同采用欧元之后，这些国家向海外输送资本时汇率变化带来的风险就消失了。但是主权债务违约的风险依然存在，因为《马斯特里赫特条约》禁止欧洲机构救助陷入困境的主权国家，但是乐观的投资者似乎忽视了这一点，因为他们愿意以相当低的利率向有违约历史且公共财政脆弱的欧洲外围国家提供贷款。

没有汇率风险且感知违约风险接近于零，这样一个组合导致了欧元区内的大量资本流动。从2000年初到2007年底，德国和法国的累计经常账户盈余（这是对汇往国外的储蓄的一种度量）达到了6380亿欧元；相应地，希腊、爱尔兰、葡萄牙和西班牙则出现了高达6680亿欧元的经常账户赤字。作为一个整体，欧元区既没有存下多少，也没有借出多少，但是在欧元区内部，核心国家却向外围国家输送了大量资本。对外围国家而言，这是非常大的资金流动：到2007年，希腊、爱尔兰、葡萄牙和西班牙4个国家的GDP总计仅为1.635万亿欧元，但是它们的外债总额却已经攀升到了5.507万亿欧元。

外围国家的资本市场和政治制度缺乏足够的深度，无法有效引导如此大规模的资本流动。建筑业和批发交易部门的繁荣是以牺牲可贸易部门为代价的，尽管后者的生产率提高得更快，而前者的生产率停滞不前。自欧元启动以来，部门之间的生产率差异持续上升，但是所有外围国家的全要素生产率（TFP，一种衡量经济总生产效率的指标，反映的是超过生产投入的产出量）都停滞不前。这些外围国家GDP的增长，主要是源于额外的劳动力和资本投入，而不是因为生产率的提高。事实上，随着经济活动从生产率较高的部门转移到生产率较低的部门，然后在部门内部又进一步转移到生产率较低的企业，生产率就可能已经有所下降了。

图3-2以葡萄牙为例，展现了普遍存在于欧元区外围国家的上述事实。该图描绘了葡萄牙采用欧元前后的实际全要素生产率的增长轨迹，显然可见其下滑与欧元同步。图中还给出了两个反事实的衡量标准，它们可以用来识别错配的影响。第一个反事实全要素生产率，是在将各经济部门的相对规模保持在1999年时的水平得出的，它表明扩张的部门是那些生产率相对较低的部门。第二个反事实全要素生产率则表明，如果部门内部的错配也保持在1999年的水平，那么生产率本来也能得到提高。在实现了增长的那些部门，生产率都下降了。将这两者结合起来，错配至少可以部分解释21世纪初葡萄牙令人惊讶的生产率下滑。

这种形式的资本配置，再加上生产率下降，显然会对国际竞争力产生影响。资本错配通过提高建筑和公共服务部门工人的工资这个渠道溢出到劳动力市场。由于资本相当充裕，非贸易部门可以支付更高的工资，以吸引更多的工人。在葡萄牙，建筑和公共服务部门工人相对于制造业工人的平均收入得到了大幅增长。这就提高了可贸易部门企业的成本，因此

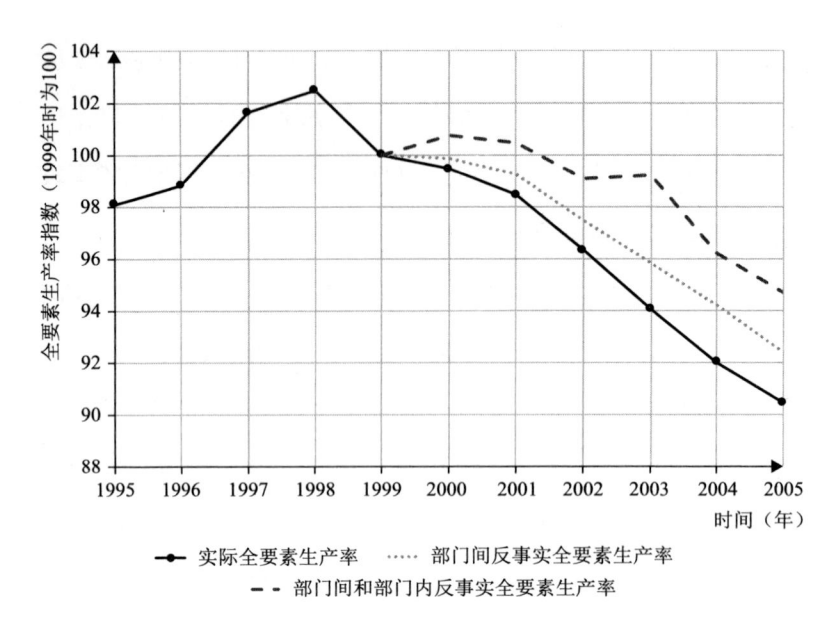

图 3-2　葡萄牙的实际全要素生产率和反事实全要素生产率

葡萄牙企业的竞争力下降，导致贸易出现了巨额赤字。在2000—2007年，葡萄牙实际汇率（用来衡量葡萄牙商品相对于外国商品的价格）升值了12%。同样在2000—2007年，该国的累计贸易赤字达到了2007年国内生产总值的47%。[4]

智利20世纪70年代的自由化和1982年的宏观金融崩溃

1973年9月，奥古斯托·皮诺切特通过军事政变掌握了智利的政权。皮诺切特实施了金融自由化计划，旨在结束前三年计划经济体制对金融活动的限制。原有体制的特点包括严格的信贷配给、存款人实际利率大幅为负，以及完全国有的金融部门。1974年，智利大多数银行完成了私有化，在接下来的几年里，银行业务的各种限制也都取消了，包括从外国借款。自由化之后，智利几乎没有金融监管，利率自由浮动，没有信贷限制，没有银行必须在中央银行持有最低准备金的规定，也没有存款保险，以及没有政府救助银行的明确承诺。然而，这种自由放任并没能持续多久：1977年1月，一家大型银行（Banco Osorno）倒闭，不过它的存款人得到了救助，从那时到1980年，智利政府出台了银行必须持有最低资本额并且将10%存款存入中央银行的要求。

金融自由化的同时，在宏观经济方面，智利政府在1973年后逐步消除了贸易壁垒，到1979年统一关税税率并下调为10%，并且取消了对资本流动的限制。1979年，智利比索钉住美元。与欧元区外围国家一样，智利汇率风险的消失和其他资本流动壁垒的取消，导致资本的大量流入：到1981年，经常账户赤字已经达到GDP的14%。金融体系蓬勃发展，充当这种资本流动的中介，金融资产总额占GDP的比重从1973年的16%上升到1981年的39%。从1977年至1981年，贷款组合的实际规模增长了大约6倍。

智利经济有一个特点，就是存在一批拥有多元化业务的大型企业集团，当然，这也是许多发展中经济体的一个共同特点。随着金融自由化的推进，这些大型企业集团不断扩张，并且每个企业集团都拥有至少一家最近完成私有化的银行。通常而言，政府会以优惠的条件将这些资产出售给其前所有者或者与掌权者关系密切的个人，然后在进一步的私有化过程中，这些人可以利用银行信贷来购买工业企业，壮大自己的企业集团。在1977—1980年的转型时期，这些人是唯一能够通过银行获得低息私人国外贷款的群体，然后他们又可以将这些贷款在国内投资，在受益于关税降低的那些行业获得超额回报。他们倾向于在企业集团内部使用丰富的资本，即便这样做意味着只能将这些资本投资于回报率低的行业和公司。1979年，80%的智利银行资本都集中到这些集团手中，随着它们的发展壮大，它们在集团内部错配资本、偏离最有效率的用途的"能力"也显著提高了。

图3-3a显示了每一个企业集团的每一家银行发放给本集团企业的信贷所占的百分比（其中两个企业集团都各自拥有3家银行，而另外7个企业集团各自只拥有1家银行），不难看出这个比例是相当高的。同一个企业集团的银行优先向本集团的企业分配信贷，而不管这些企业的业务是不是最有效地利用了资本。因此可以说，在行业内部，银行将资本错误

地配置给了属于本集团的企业。折线图则表明，在同一个时期，属于某个集团的企业的银行信贷和资本积累相对来说要高得多。

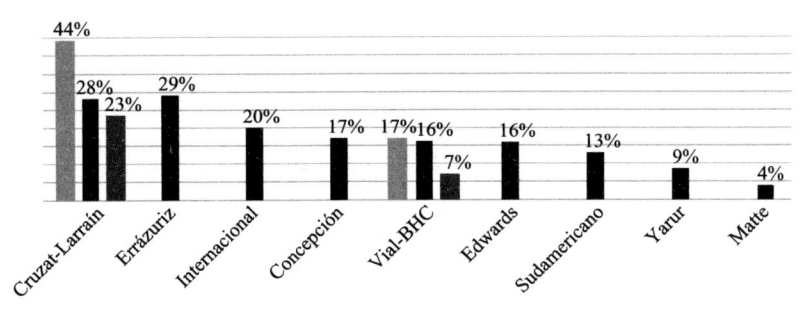

a 智利每个大型企业集团内部的自我贷款所占百分比

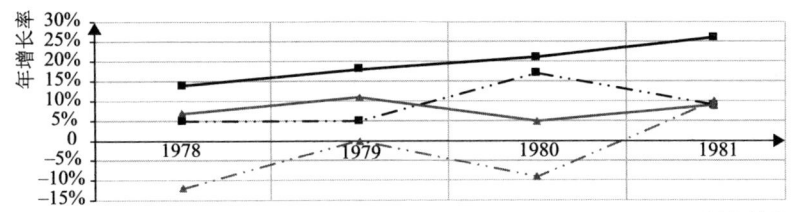

b 智利工业企业的债务和资本增长（属于企业集团vs不属于企业集团）

图 3-3 智利的企业集团（1973—1982 年）[1]

高负债隐含着利率上升的风险。智利比索钉住美元则意

---

[1] 请注意，在柱状图中，横轴上的每一个名称都指一个企业集团。名称标示的每一个矩形都指集团内的一家银行（其中有两个企业集团分别拥有 3 家银行）向本集团内的企业提供的信贷总额所占的百分比。

第三章 资本流入及其（错误）配置　049

味着，该国引入了美国20世纪80年代初的紧缩货币政策，以及相对于贸易伙伴的货币升值，这些都降低了智利经济的竞争力。很快，资本流向就发生了逆转，从涌入智利变成了逃离智利。到1981年底，智利的实际利率上升到40%。1982年，智利比索不再钉住美元，于是马上贬值将近一半。1981年11月，8家金融机构得到政府的救助；1983年1月，又有5家需要政府大规模干预，最后3家被清算，两家接受直接监管。到1983年底，政府已经拥有银行系统50%以上的股份，各个大型集团内部的企业都遭受了严重损失。1982年6月，监管当局禁止银行继续将贷款展期，造成大量未实现损失，从而极大地限制了企业集团内部的自我贷款能力。1982年，智利国民生产总值（GNP）下降了14%，有800多家公司破产。到1983年，失业率达到了30%。

这场危机暴露了智利经济内部的资源错配。就像几乎所有经济危机中都会发生的那样，在危机爆发后，智利的生产率出现了进一步的下降。制造业的全要素生产率下降了10%，行业内部的配置效率也几乎没有改善。取消这些大型企业集团下属的低效率公司享受的优惠待遇，可以部分抵消深度危机带来的破坏。阿根廷和乌拉圭当时也经历了类似的危机，且诊断结果与智利的相似。[5]

第四章
银行以及其他金融机构

从传统视角来观察一家银行，它的资产负债表是非常简单的。在资产一端，银行持有抵押贷款和商业贷款，以及一些金融资产，主要是政府债券。通过持有和汇集大量资产，银行很好地利用了资产价格不完全同步这个事实。当某些资产的价格出现下跌的时候，总会有另一些资产价格在上涨，从而有效地降低了风险。银行还扮演着选择和监管国内借款人、减少违约风险的重要角色。当然，监管需要银行家付出努力。任何一个人都不愿意无端地付出努力，因此必须通过让银行家拥有足够股份的形式来让他们共担风险——如果贷款得不到偿还，股份就会贬值。这样一来，银行家就会努力做好监控，而不会用存款人的资金去冒太大的风险。

此外，银行还具有另一个非常有用的功能：期限和流动性转换，从流动性较差的长期资产到高度流动的短期负债。银行的资产通常是长期的，市场流动性很低，因为它们不容易出售。相比之下，由活期存款构成的银行负债是短期的，这些存款可以随时提取。这种安排使得存款人在需要时能够取出资金，同时银行又可以将存款人的资金汇集起来为长期投资提供资金。不过，这种转换会给银行带来挤兑风险。如果所有存款人同时要求取出他们的存款，那么银行将无法通过收回贷款、出售资产来兑现承诺。此外，如果一个存款人预计其他存款人要取出银行中的存款，那么他马上就会跑到银行去，并且试图排到取款队伍的最前面，以保证自己能够赶在其他人将银行的资金取完之前取出资金。适当的政策，比如财政当局支持下的存款保险制度，或货币当局支持下的最后贷款人政策，可以消除存款人挤兑行为的激励，从而保住银行承担的有益于社会的角色（期限转换）。如果存款人知道他们的存款永远都能兑现，那么他们就不再需要去银行挤兑了。与家庭行为的惯性结合起来，这样的政策能够保证活期存款成为银行相对稳定的资金来源。

  跨国资本流动很少直接发生在家庭和企业之间，也很少只通过在两个国家都有业务的一家银行完成。事实上，跨国资本流动是以金融市场和机构为中介的，因为核心国家（地区）的存款人要先将他们的资金存入当地的银行，这些银行再将存款借给外围国家的银行。此外，现代金融体系在过去几十年间已经发生了很大的变化，银行看上去已经与前文描述的传统形象相当不一样了；而且，现代银行与传统银行之间的这种不同之处恰恰体现在，它们在充当大规模资本流动的中介时，容易引发金融危机。[1]

现代银行和影子银行

在资产一端，现代银行会将很大一部分贷款证券化，尤其是抵押贷款。证券化是指将各种抵押贷款组合到一个资产池中，以便消除单项贷款的异质性风险，并出售来自抵押贷款总还款的未来收入流，以换得当期的支付。这样至少从表面上看，证券化使得以前难以交易的抵押贷款变成了可交易的证券。因此，在一家现代银行的资产负债表中，可交易资产所占的份额（其价值可以用当前市场价格来评估）远远大于传统银行。这种按市值计价的资产一方面使得银行的资产负债表更加透明，另一方面也导致它更加不稳定。当价格上涨时，即在危机酝酿阶段，这种资产结构能够扩充资产负债表，即便当资产价格反转、上述资本利得即将消失时也是一样。然而，即便没有发生宏观金融崩溃，市场上行和下行期间的价格过度反应，也会放大银行的收益和损失；不过风险可能不会体现在一家银行的资产负债表上，而是主要存在于银行系统中，这是因为其他银行会购买这些证券或以这些证券为抵押向别的银行发放贷款。

而在负债一端，现代银行非常依赖存款和股东权益之外的一个新的资金来源：批发融资市场。银行所需的资金，有许多不再是从家庭借贷获得的，而是从其他金融机构获得的，主要通过两个渠道。第一个是无担保银行间市场上的短期借款（因此无须抵押品）。与普通存款人不同，其他金融机构消息灵通，能在存款人挤兑之前迅速收回贷款。现代银行不能再依靠传统手段来防止挤兑了，其他金融机构在存款人之前收回资金的能力赋予了它们有效的优先地位。[2]

批发融资的第二个来源是回购协议（即通常所称的回购）：将证券暂时出售给其他金融机构，日后在适当时间以预先商定的价格购回。这种回购有三个特征，这些特征对现代银行融资的特性有重要影响。首先，一种证券在回购交易中是以低于其市场价值的价格出售的，其间的差价是借款人保留的一个折价（或保证金），当作抵押品价值变化时的安全缓冲。这样一来，银行就要面临一种新的融资风险：折价可能会突然增大。其次，回购的期限通常很短，必须频繁展期，因此作为一种融资来源，它们可能很快就会消失。最后，由于回购是一种抵押借款，如果银行破产了，贷款人可以收回抵押品，而不管银行的其他信贷。因此，回购比活期存款持有者和无担保银行间贷款享有更高的优先级。这些特征导致的结果是，银行间融资变得更加不稳定，而且风险被推给了存款人或存款保险机构。

图4-1对传统银行和现代银行的资产负债表构成进行了对比。资产和负债是相互作用的，因为银行会先将贷款证券化，即将贷款转化为可交易资产，然后以这些资产为抵押来获得回购资金，而这又使得它们可以发放更多贷款。正因为如此，现代银行能够快速发展壮大。获得批发融资要比获得存款快捷得多。从金融市场上借款在一夜之间就可以完成，而增加存款却需要一个缓慢且成本高昂的过程（即开设分行并吸引客户）。债权人之所以愿意为这些银行的快速扩张提供资金，是因为它们拥有较高的优先级，同时回购协议提供的抵押品也为债权人提供了保护。此外，由于批发融资市场是跨境运转的，因此多个司法管辖区各自为政的碎片化监管很难控制这种增长趋势。

现代银行的风险比传统银行更高，原因有三个。第一，由于现代银行是在大规模借贷的支持下快速成长起来的，因此它们能够为资产提供资金、保证风险共担的净资产所占份额较少。也因此，促使银行努力监控其贷款质量并在承担风险时保持谨慎的激励变得更弱了。

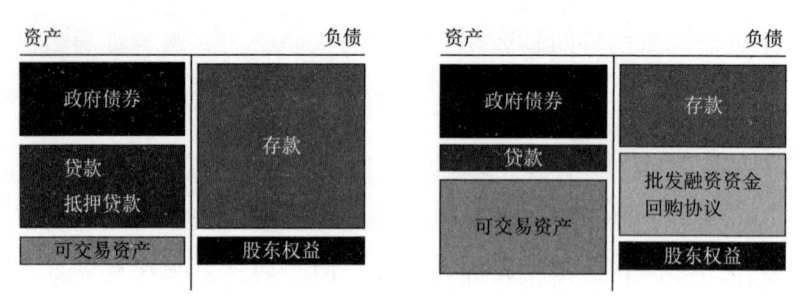

图 4-1 传统银行和现代银行的资产负债表

第二，现代银行的融资流动性风险更高。与存款这种零售融资不同，批发融资更加变化无常，因为一旦发现可能出问题，贷款机构会迅速退出。而且更普遍的是，有许多金融机构根本不吸收存款（它们想规避政府对存款业务的监管），完全通过批发融资为自己融资。它们一直使用短期资金进行长期投资，因此容易出现银行挤兑，并且无法让政府对其融资提供任何保险。这样的金融机构包括共同基金、债券基金及其他基金，构成了一个具有现代银行特征的"影子银行"部门。

第三，现代银行延长了资产价格周期。当房价（或其他抵押品的价格）上涨时，银行资产负债表上按市值计价的资产的价值会立即增大。抵押品价值的这种增加，使得银行在回购市场获得大规模融资变得更加容易。而这反过来又允许银行进一步扩大放贷规模、降低抵押贷款成本，从而导致住房需求增加，推动抵押品进一步升值。[3]

现代银行业的发展，要求监管也做出相应的变革。第一，必须把现代影子银行纳入监管，因为它们同样面临着风险。第二，由于融资流动性风险的放大和资产价格的上涨，监管机构在对每家金融机构的风险进行评估时，必须加入宏观角度的因素。这种宏观审慎监管要考虑对其他金融机构和整体宏观经济的溢出效应。第三，监管必须是动态的，在价格上涨时收紧，在价格下跌时放松。

美国的次级抵押贷款及其证券化

几乎没有任何金融创新能够比2007—2008年全球金融危机爆发前发生在美国的证券化浪潮更好地说明传统银行向现代银行和影子银行转变的特征了。在这场金融危机爆发前的10年里，抵押贷款和其他贷款发生了根本性的转变。各种证券化产品的兴起导致廉价信贷泛滥，它们降低了贷款标准，并最终导致了房价的上涨。

银行发放贷款和抵押贷款后，可以将它们重新打包成所谓的"结构性"产品，也就是通常所称的债务抵押债券（CDO）。如果基础资产是汽车贷款、信用卡应收账款或其他资产，那么它们往往又被称为资产支持证券（ABS）。然后，这些贷款会被分割成不同的层或级，基础资产的现金流首先用于偿还优先级证券，剩余的现金流则流向风险更高的次级证券。货币市场基金、欧洲各国银行和其他机构投资者都渴望购买优先级证券。优先级证券风险的高低，取决于资金池中基础贷款的多样化收益。如果它们高度正相关——在极端情况下，如果所有抵押贷款同时违约且完全违约，它们的回报将降低至零——那么优先级证券的风险就与原始贷款的一样高。金融危机前用于评估各级证券风险的统计模型低估了抵押贷款之间的违约关联性，因为它们过于依赖美国当时的状况——在那个时期，房价下跌只是一个地区性现象，而不是全国性现象。

美国的抵押贷款一般是由私人银行证券化的，不过也有一部分是由半私人的政府支持企业（通常所称的GSE机构）证券化的。其中一家政府支持企业叫吉利美（Ginnie Mae），它发行的债券享有政府的明确担保。在美国，还有两家举足轻重的政府支持企业，房利美（Fannie Mae）和房地美（Freddie Mac），它们发行的债券只带有隐性的政府担保。图4-2显示了抵押贷款支持证券在这些不同类型机构中的扩展。此外，图4-2中还加入了资产支持证券，这些证券主要是由汽车贷款和信用卡应收账款支持的短期票据。

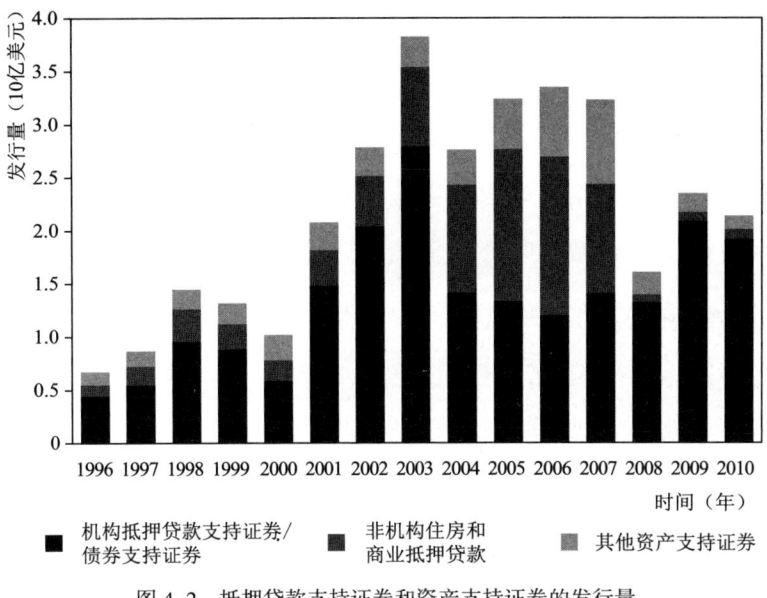

图 4-2 抵押贷款支持证券和资产支持证券的发行量

尽管人们越来越怀疑房地产市场上涨的可持续性,但是金融部门仍继续将抵押贷款和其他贷款证券化。关于华尔街对待泡沫的态度,数花旗集团前首席执行官查克·普林斯(Chuck Prince)于 2007 年 7 月的总结最为著名,他引用凯恩斯对泡沫和抢椅子游戏的类比称:"当音乐停止时,从流动性的角度来说,事情会变得非常复杂。但是只要音乐还没有停止,你就必须站起来跳舞。是的,我们还在跳舞。"

然而,音乐不久之后就停下来了。持有这些优先级证券的几家欧洲银行陷入了困境。2008 年 3 月,投资银行贝尔斯登宣告破产；同年7月，美国政府不得不向房利美和房地美提供明确的显性担保，并将它们置于监管之下。随后，雷曼兄弟公司在2008年9月宣布破产，从而引发了一场全球性金融危机，大部分美国的银行（包括花旗集团在内）以及其他金融机构（如大型保险公司美国国际集团）都只能依靠公共救助基金维持经营。

西班牙21世纪第一个10年的信贷繁荣

在欧元区，银行是资本流动的中心。2000—2007年，核心国家银行对外围国家银行债权的衡量与资本流动的演变密切相关。反过来说，这些资本流动几乎全部由银行间债务构成，因为在此期间几乎没有股权或实物资产易手。

欧元危机爆发前跨境资本流动的情况大致如下。核心国家的存款人在核心国家的金融机构存入短期存款，这些金融机构通过批发融资市场将资本作为短期贷款发放给外围国家的金融机构。外围国家的银行向各种项目提供资金，并且会优先考虑住房等部门，因为这些部门可以提供有形抵押品，贷款容易证券化然后在更有深度的市场上出售，使外围国家的银行能够快速扩张。[4] 这些贷款的一部分用于支付外围国家的工资，还有一部分用于从生产率更高和竞争力更强的核心国家进口中间投入品。核心国家的企业再把将商品出售给外围国家获得的收入存入核心国家的银行，这样就完成了整个循环。在这个循环中，外围国家依赖短期融资的现代银行迅速成长，它们提供的贷款刺激了部门之间的资金错配，同时进一步推动了跨境资本流动（或经常账户失衡）。

为了说明西班牙银行业的这种现象，如图4-3所示，我们绘制了西班牙银行的资产负债表占GDP比例的演变情况，并将西班牙的传统银行与地区性储蓄和贷款银行（Cajas）分开来考虑。储蓄和贷款银行以往都是地区性小银行，与当地政界联系紧密，且专门持有本地区的抵押贷款。大约从2002年开始，西班牙银行业快速扩张。就储蓄和贷款银行而言，尽管存款增长很少，但是它们的规模都实现了大幅增长。这些储蓄和贷款银行通过获得的新能力——证券化和出售抵押贷款，以及进入批发融资市场——变成了现代银行并迅速发展。拥有这些新能力之后，它们就能够以比其他银行快得多的速度为房地产信贷的增长提供资金。到2007年，储蓄和贷款银行的贷款就占到了西班牙私人部门全部贷款的52%，对房地产部门的贷款更是增加了4.9倍。然而仅仅10年之后，由于巨额亏损和管理不善，西班牙所有储蓄和贷款银行要么解散，要么并入其他银行。

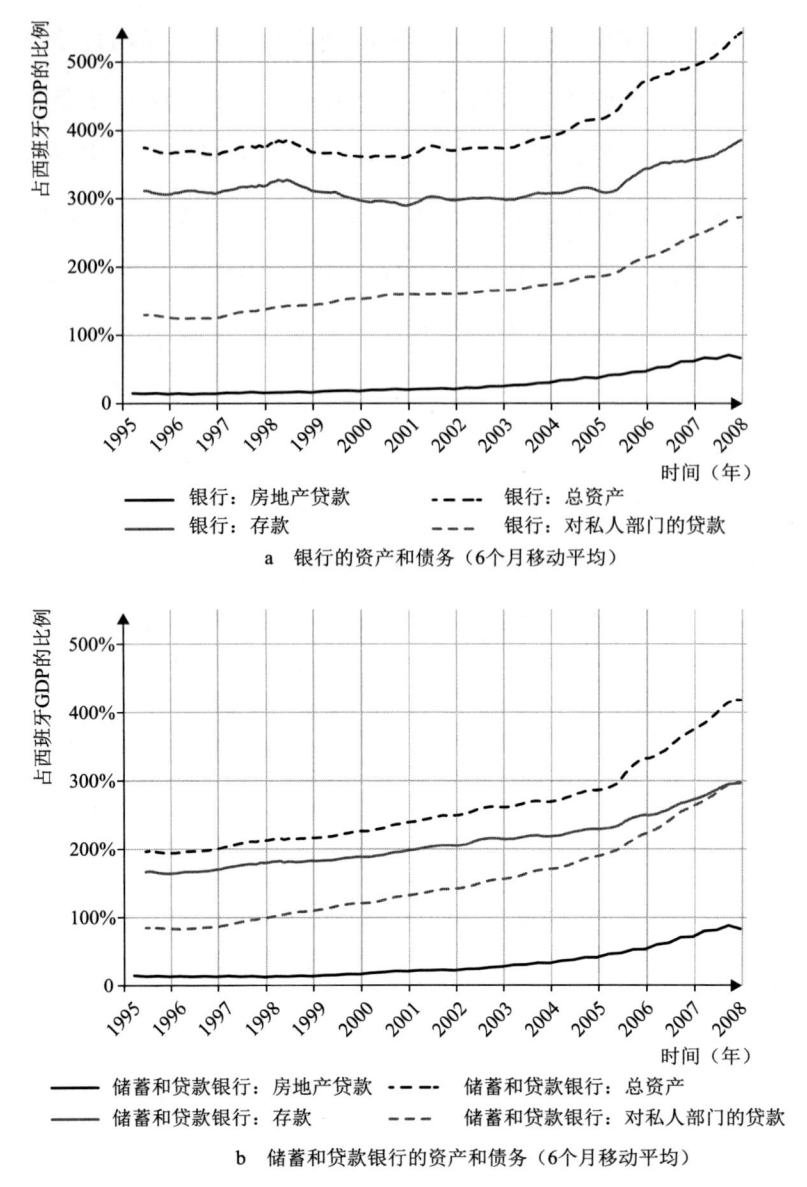

a 银行的资产和债务（6个月移动平均）

b 储蓄和贷款银行的资产和债务（6个月移动平均）

图 4-3 西班牙的储蓄和贷款银行的增长 vs 银行的增长

与美国的银行相比，欧洲各国的银行有三个显著特征。第一，欧洲（和亚洲）各国的银行信贷相对于GDP的规模远远大于美国。在大西洋另一边的美国，公司债券市场作为企业资金来源大体上与银行融资同等重要；而在欧洲，银行融资占据主导地位。第二，每个欧洲国家少数几家最大银行的规模，相对于它们所在的国家来说都是非常庞大的，其总资产往往会超过所在国家的年度GDP。如果一家银行出现了巨额亏损，所在国就不得不出面纾困或解决赔偿存款人的问题。但是由于欧洲的银行规模如此之大，任何单个国家都难以做到这一点。第三，资本流动发生在欧洲多个国家和地区，涉及不同的存款保险机制、不同的问题银行处置机构、不同的财政机构，以及在这一切背后的不同的法律体系。但是，这些合到一起，仍然不能替代存款保险和最后贷款人在传统银行业中所扮演的角色。总之，现代银行的出现和快速增长，意味着银行业的问题必定会对欧洲经济产生更大的影响，与此同时，金融部门的主权安全网也并不可靠。[5]

第二部分

崩溃：
触发器和放大器

第五章
系统性风险及其放大和传播

在前面几章，我们讨论了宏观金融危机的酝酿和形成。在危机爆发之初，金融机构往往通过向其他金融机构发行短期债券来为自己融资，这些债务与其投资证券化的抵押品相挂钩。这些银行将资本配置到对实体经济的投资中，往往偏向于非贸易部门和达到一定规模的项目（尽管这些投资的回报往往比较差）。金融资产的价格似乎远高于其基本面价值，但是投机者却仍在与泡沫共舞。

在这种背景下，一项甚至没有多少人持有的金融资产的价格突然下跌，一个最多只会威胁少数几家银行的实体投资项目的贷款违约，又或者一家银行的资金挤兑，就不会再像乍看起来那么无害了。为此，在这一章中，我们将讨论具有上述成分的金融系统如何极大地放大这些冲击。通过金融市场联系在一起的现代银行的行为具有趋同性，因此当一些银行出售一项资产时，其他银行也想出售相同的资产，当一些银行削减对某些行业的信贷时，其他银行也会停止对相同行业的贷款。这就会产生一个负反馈循环，会放大最初的外生触发因素。如果这种放大力量足够强大，可能会出现多重均衡。因此，即便只是有的金融机构变得稍微悲观了一些，也有可能引发危机。这个系统会自动产生系统性风险。[1]

策略互补性、放大效应和多重均衡

现代金融市场的运行在很大程度上取决于每个市场参与者如何对其他市场参与者的行为做出反应。正是这种羊群行为和溢出效应构成了系统性风险。图 5-1 给出了一个说明这种相互作用的图形模型，纵轴是某家特定银行选择的贷款数量，横轴是其他银行的贷款数量。更一般地说，该图可以用来解释金融市场参与者的各种行动，无论是选择持有多少资产，还是选择展期多少回购。就贷款决策而言，图 5-1 中的曲线描述了这一家银行对其他银行行动的最优反应：给定其他银行的贷款行为，该银行会选择发放多少贷款。

如果最优反应函数向下倾斜，如图 5-1a 所示，那么该银

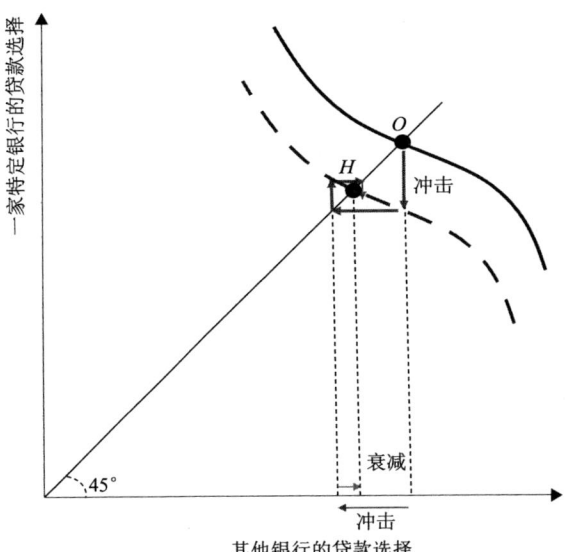

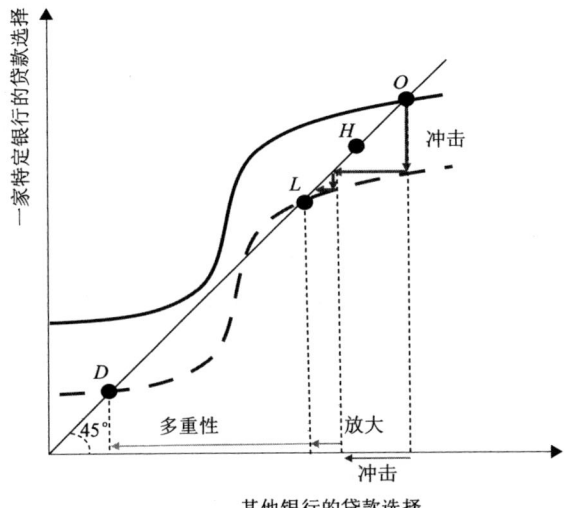

图 5-1 放大效应和多重均衡

行的激励或约束将会是这样的：每当其他银行增加平均贷款时，它就会减少贷款。用博弈论的术语来说，这种行为属于策略替代。但这可能只是对传统金融市场的恰当描述。当其他银行扩大信贷时，要寻求融资的好项目就变少了，因此传统银行的应对措施是削减贷款。或者，当银行发放了更多的购房贷款之后，房价就会上涨，这样一来，认为向银行申请贷款购房仍然可取的借款人就会变得更少。

  金融市场上的其他银行也面临同样的问题。每一家银行都有自己的最优反应函数。当每一家银行的选择，都是给定其他银行正在做的事情的最优选择时，就达到了纳什均衡，即每一家银行都做出了自己的最优反应。简单起见，我们先假设所有银行是完全相同的。因此，其他银行的最优对策就是图 5-1a 中的那家特定银行最优对策的对称版本，于是均衡会出现在曲线穿过 45° 线的那个地方。因为在我们这个例子中，每一家银行都是完全相同的，所以在均衡中，每一家单个银行都会选择做其他所有银行在做的事情。

  因为最优反应函数是向下倾斜的，所以整个系统在以下两种意义上是稳定的。首先，在 O 点处存在唯一的均衡。其次，最优反应函数的移动会导致这个均衡出现适度变化。当最优反应函数向下移动到虚线曲线的位置时（这可能是因为这家银行对风险有了更好的认识，也可能是因为投资者购买资产的资金减少了），该银行就会减少贷款（向下的箭头）。因为其他银行也会削减贷款（向左的箭头），该银行现在又希望通过增加贷款来应对（向上的箭头）。然后，在其他银行增加了贷款的情况下，该银行现在想要削减贷款……如此循环往复，最终会在 H 点处达到新的均衡。如图 5-1a 所示，银行之间的策略性互动减弱了最初的冲击。

然而，在现代银行系统中，我们观察到的却是图 5-1b 所示的情况。当其他银行削减贷款并使得房价开始下降时，这些交易证券的价值，就像证券化的抵押贷款的价值一样，也会随之下降。由于现代银行增长迅速，它们的资本是不充足的，相对于其庞大的信贷资金，它们的股权资本可以说微乎其微，因此，它们的杠杆率（信贷资金与股权资本之间的比率）已经达到了监管者和出资者可以接受的极限。这样一来，现代银行就不能像资本金充足的传统银行那样，在资产价格低迷时买入资产。相反，随着现代银行持有的可交易资产价格的下跌，它们的股权价值也会缩水。同时它们的杠杆率会上升，因此资本金不足的银行必须通过剥离资产来收缩资产负债表，而且这恰恰发生在资产价值较低的时候。[2]

当整个金融部门都在试图出售资产时，市场流动性就会变得非常小。这也就是说，资产将很难售出，或者很难重新配置到其他用途上去。这就会导致大甩卖。在这种情况下，许多人在出售资产时都不得不接受任何价格，因此在需求再次赶上供给之前，价格必定会大幅下跌。因为每家银行都预期其他所有银行都需要剥离资产，所以每家银行都有动机成为第一个出售资产的，资产价格也就迅速下跌。

因此，低迷的资产价格会降低银行的融资流动性，也就是银行从债权人手中展期资金的能力。资金的短缺使得银行更难保住自己的资产。在某种程度上，这种情况之所以会发生，是因为出现了一个损失螺旋：资产抵押品价值下降导致融资减少，而且是以某个固定的比率发生。此外，保证金螺旋也可能出现：随着抵押品价值的下降，贷款人会追加保证金，以应对大甩卖时资产价格的下跌。举例来说，价值100欧元的抵押资产现在只能筹集到80欧元（以前可以筹集到95欧元），因此银行的借贷金额必定会再次降低。

上述两个融资流动性螺旋结合到一起，导致最优反应曲线向上倾斜，如图5-1b的曲线所示。因此，当其他银行的"平均行动"升级时，该银行就会选择更激进的行动。也就是说，银行的行动现在是策略互补性的。

当然，从资本充足且受监管的银行到过度（隐性）杠杆化的银行的转变，即图5-1a到图5-1b的转变，或者更具体地说，从向下倾斜的最优反应曲线到向上倾斜的最优反应曲线的转变，并不会立即显现无遗。在这两种情况下，初始均衡都是在 O 点处，但在受到冲击导致最优反应曲线向下移动之后，这个系统就会在如下两个方面变得不再稳定。

首先，使得曲线移动相同垂直距离的相同冲击，现在反而导致行动发生了如 L 点处的均衡所刻画的改变，即继单个特定银行的初始贷款削减之后，其他银行也削减了贷款，然后前者又想削减更多贷款。

在该银行最初的贷款削减行动导致其他银行的反应朝着新均衡逐渐衰减地上升之前，现在它导致了初始冲击的放大。当房价下跌时，一家银行抵押品的价值会下降，而它必须偿还一部分资金，因此它会减少贷款的发放。但是随着放贷减少，房价下跌加剧，其他银行也会遭受损失，从而被迫也减少放贷。最终，贷款和房价的下跌从最初的冲击被放大到了 L 点。

其次，可能存在一个由左下方的 D 点表示的新（稳定的）均衡。如果人们就是不相信贷款维持高位的结果还会出现，并认为其他所有银行都会减少发放贷款，那么这就足以导致贷款减少的结果立即成为现实。而且，均衡有多重性。如果每一家银行都预计到其他银行将会削减贷款，那么它们也就会预计到大甩卖和价格暴跌，以及损失螺旋和保证金螺旋必将出现。于是银行将提前削减贷款,从而引发低迷贷款均衡。

总而言之,在受到一个不利的冲击之后,存在三种可能的结果。第一种,资本充足的传统银行只持有很少的可交易资产和抵押贷款,必须不断展期保证金,在对贷款、资产价格或银行资本金的冲击发生后,金融市场最终会到达位于右上方 H 点处的均衡。第二种,在存在高杠杆化的(影子)银行的情况下,抛售和流动性螺旋通过遍及整个金融系统的抛售和去杠杆化放大冲击,金融市场将转向位于中间的 L 点处的低贷款水平均衡。第三种,在最糟糕的情况下,经济可能会直接跳入位于左下方 D 点处的均衡,在那里,由于信念的转变,波动性和保证金都非常高,贷款受到抑制,陷入低迷。

之所以会出现这些新的结果,是因为银行之间存在策略互补性。另一个与此相关但有所不同的概念是货币外部性。当一些银行出售某类资产时,这些资产的价格会下降。由于其他银行也持有部分此类资产,并将其用作抵押品,价格下跌就意味着这些银行产生了亏损,抵押品约束也就变得更加严格。第一批银行的行动给其他银行造成了损失——这是一种外部性。不过,这种外部性不同于策略互补性,后者涉及其他银行的反应,即其他银行也通过出售资产来应对。策略互补性导致放大效应和均衡多重性。所有因素的影响都会被放大，包括外部性。它们合在一起，则会导致巨大的系统性风险，因为某些金融机构的损失会迅速蔓延至整个金融体系。

爱尔兰21世纪第一个10年的银行业系统性风险

2007年夏天，随着美国次级抵押贷款市场出现不良贷款消息的到来，一些欧洲银行在美国的投资出现了亏损，尤其是欧元区核心国家的银行。这种情况导致这些银行削减了银行间贷款，以及对外围国家银行发行的证券化抵押贷款的回购。与此同时，多年来一直向欧洲银行展期回购的美国货币市场基金，在2007—2008年因美国金融危机加剧而退出了这个市场。这两股力量结合在一起，对欧洲批发融资市场的银行资金供应造成了重大冲击。

爱尔兰的银行对这种外国批发融资的依赖特别严重，而且它们在美国证券上有大额投资。在过去的10年里，它们已经从传统银行转变为现代银行，并相应地得到大幅增长，为房地产行业提供了充足的信贷。对可用资金的负面冲击引发了抛售和流动性螺旋，导致贷款和房价大幅下跌。巨额损失相互蔓延，导致系统性的银行危机和爱尔兰经济的严重衰退。

图 5-2 衡量了爱尔兰银行业从传统银行业务向现代银行业务转变的系统性风险。该图的横轴是衡量一家银行个体风险的指标,用两年内最糟糕的那 5% 的一星期内股本价值的损失大小来表示。这被称为风险价值(VaR),它可以单独衡量特定银行的风险,是微观审慎监管的重点。纵轴是衡量系统性风险的指标,计算的是在某家银行陷入困境的情况下,银行业整体的风险价值会发生多大的变化。这种衡量系统性风险的指标被称为条件风险价值的变化(ΔCoVaR)。它可以衡量某一家银行的困境会在多大程度上波及整个银行业,是宏观审慎监管的核心。图 5-2 中的三个实心符号显示了 1995—1997 年爱尔兰三大银行的这两个指标。

在接下来的 10 年里,爱尔兰的银行完成了从传统银行到现代银行的转变。不过,它们的业务增长集中在房地产领域,这导致它们的风险不断积累。前述三家银行中有两家的风险价值一直在上升;同时,以条件风险价值的变化衡量的系统性风险也随之增加,而且是显著增加。当来自国外的金融冲击到来时,策略互补性极大地放大了这一冲击,以至于从 2008 年中至 2010 年底,建筑和房地产领域的私营企业信贷令人震惊地减少了 48%。与之相伴的是实体经济的表现,都柏林的住宅价格创纪录地下跌了 35%。图 5-2 中各个估计值所刻画的

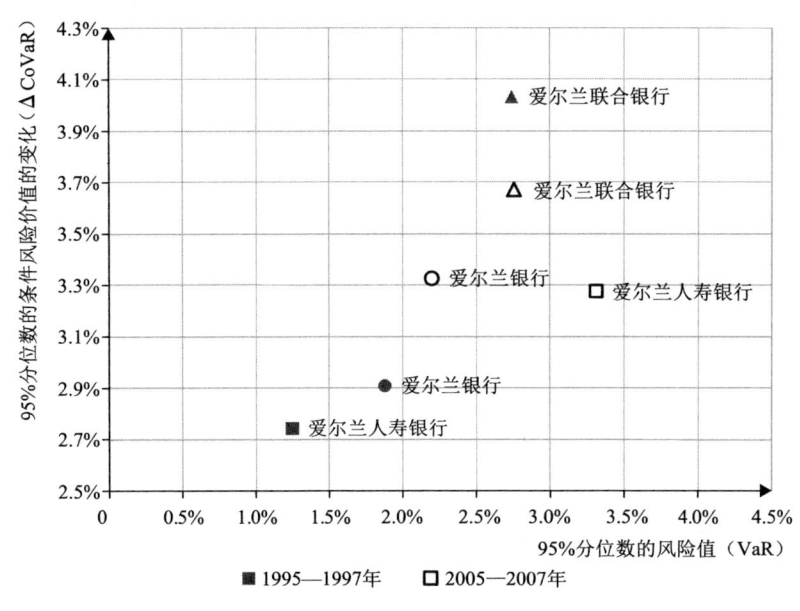

图 5-2 爱尔兰银行业的系统性风险

系统性风险至此充分显露。到了 2009 年初，这三家银行的私人股权资本几乎全部化为乌有。

面对这样一个系统性危机，政策制定者试图对金融市场进行干预，以减弱对实体经济的冲击。如果外部性非常大，这种干预就有其合理性。阻止融资螺旋的一个方法是中央银行向各银行放贷。然而，中央银行发放贷款要求银行拥有抵押品（通常是政府债券）。另一个方法是政府通过提供贷款或进行资本重组来救助银行，即或多或少地将银行国有化。然而要推进资本重组就必须相信被重组的银行仍有偿付能力，这与通常对可能破产的企业的重组不同。这两种政策干预,爱尔兰政府都尝试过。第三种政策干预则以防止存在多重均衡导致的均衡跳跃为目标,即对银行的资产负债表进行公开的压力测试,以便让每一家银行都知道,其他银行不会被迫在近期削减贷款。欧洲各国的中央银行都采取了这种做法,但是只获得了非常有限的成功,这与美国不一样,这个方法在美国似乎特别有效。[3]

1997—1998年的新兴市场金融风暴

策略互补性不仅会放大一个金融体系内部的冲击,而且会通过多种渠道将冲击传导至国外。第一,银行的贷款业务是国际性的,一家银行通常要向许多国家放贷。当一个国家出现还款困难时,银行的损失可能会导致它们减少对其他国家的放贷。第二,当一个国家的货币大幅贬值时,在该国拥有资产的邻近国家的投资者会遭受重大损失(用它们的本币衡量的话)。第三,一个国家的货币贬值意味着它的主要贸易伙伴的贸易条件恶化,这会给后者的出口部门带来巨大的压力。最后,当一个国家的主权债券突然贬值时,投资于该国市场的基金将会面临追加保证金的要求,这样它们就必须抛售持有的其他国家的债券。通过银行信贷、外国直接投资、贸易以及投资基金等渠道，本章阐述的各个因素都会发挥作用。

有一个突出的例子可以用来说明这些因素如何发挥作用，那就是1997—1998年的全球金融危机。在整个20世纪90年代，东南亚各经济体的金融部门开始发展现代银行业的各种特点，产生了策略互补性。通过境内银行操作的短期国外借款激增，而且它们通常是以外币计价的。短期国外贷款推动了境内信贷的大幅增长，其中有一些流向了有时回报很低的商业性项目，但是大部分流向了房地产业，导致房价上涨、抵押品价值上升和进一步发放更多贷款的循环。在同一时期，这些经济体的出口在经历了过去10年的大幅增长之后开始放缓，原因是作为它们主要出口市场的日本的经济陷入了停滞。所有因素组合到一起，导致这些经济体的经常账户赤字不断扩大。

1996年，这些东南亚经济体受到了好几个不利的冲击：一是贸易条件恶化，二是房地产市场和股票市场出现了下跌，三是美元相对于欧元或日元急剧升值（该地区许多经济体的货币都是钉住美元的）。冲击损害了这些经济体的竞争力，并导致泰铢在该年11月和12月遭到了投机性攻击。这些冲击对应于我们前文描述的模型中最优反应函数的变化。然后，企业和金融部门都开始出现大面积亏损，并接连发生了多起直接违约事件。泰国是这种冲击放大的一个很好的例子。到1996年底，泰国的经常账户赤字已经占到国内生产总值的8.5%，同时实体经济增长明显放缓。1997年2月，一家大企业（Somprasong）宣布无力偿还外债。这起违约事件的发生，使泰国政府开始认识到许多房地产贷款都将无法偿还。随后，一家金融公司（Finance One）出现了巨额亏损，泰国政府在5月份迫使它与另一家金融公司合并。随着事态的演变，泰国的外汇储备很快就耗尽了，7月2日，泰国中央银行宣布采用浮动汇率制，结果泰铢在一个月内就贬值了20%。

如图5-3所示，泰国政府债券的收益率在这一时期出现了急剧飙升，其实它在1997年整体处于上升通道，因为考虑到泰国政府财政已经非常脆弱，投资者预计泰铢必定会进一步贬值，甚至泰国政府也可能直接违约，从而导致投资泰国政府债券只能产生负回报。这一年，泰国全年净资本流出达到了140亿美元。这一冲击蔓延到整个东南亚地区，马来西亚、印度尼西亚和菲律宾的政府债券收益率演变也遵循了类似的路径。这些国家都存在与泰国类似的问题，一旦泰铢贬值，它们的货币就会受到强烈的投机性攻击。

几个月后发生的一系列事件表明，当时可能已经完成了两个均衡之间的切换。邻近的韩国与泰国以及其他陷入危机

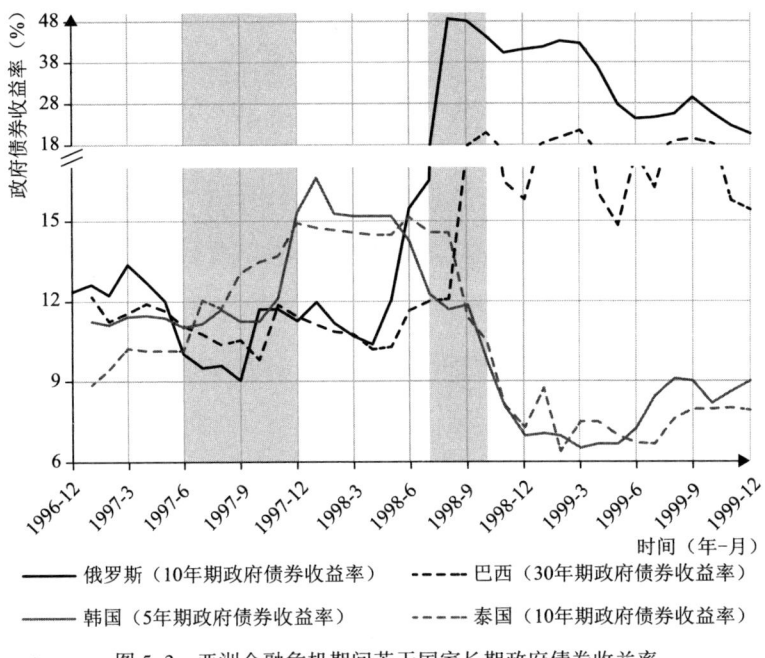

图 5-3 亚洲金融危机期间若干国家长期政府债券收益率

的经济体之间的贸易联系相当有限；不过，韩国确实与这些经济体有共同的主要债权人，即日本和欧洲各国的商业银行。这些银行也削减了对韩国的贷款。1997年10月，随着外国投资者纷纷将资金撤出韩国，韩元突然受到了攻击。当月，韩国中央银行让韩元对美元逐步贬值了8%，但是抛售仍然在继续，韩元和韩国资产的价格很快又下跌了25%，其中在12月的一个星期内就下跌了4%。当所有人都争先恐后地抛售政府债券时，政府债券价格的下跌当然就意味着收益率的飙升。

从图 5-3 中可以清晰地看到 1997 年这场韩国债券抛售潮。类似的事件也发生在印度尼西亚，以及新加坡和中国香港，但程度要轻一些。

发生在东南亚各经济体的这场危机有两个特征是与本章的模型相一致的。首先，危机规模很大，而且发生得非常突然。短短几个星期之内，这些经济体就从好的均衡切换到坏的均衡。其次，一旦信念在坏的均衡中实现了协调，那么即便不同的经济体尝试了不同的应对政策，即便这些政策改变了基本面的情况并且本来应该能够使人们的最优反应转到有利的方向上去，也仍然不足以使其回到好的均衡。

我们在这里要讨论的最后一个例子也支持了这种解释。在 1998 年上半年，东南亚各经济体金融市场动荡不安的那个时期，俄罗斯正在经历一场严重的经济衰退。1998 年 8 月 18 日，俄罗斯政府出人意料地决定实施资本管制，并宣布该国政府债务违约。从 1998 年 7 月到 1999 年 1 月，卢布贬值了 262%。从图 5-3 可以看出，俄罗斯政府债券的收益率几乎达到了 50%，如此高的收益率反映了这些债券价值的损失。这一切给总部位于美国的对冲基金和共同基金造成了巨大损失，这些基金为了应付追加保证金的要求，大举抛售在全球各地的投资。于是，在世界另一端的巴西，也经历了大规模的资本外流、汇率贬值和利率飙升，尽管巴西与俄罗斯之间的贸易联系微不足道，两国的经济基本面也没有多少相似之处。阿根廷、智利、哥伦比亚、墨西哥和委内瑞拉，也都发生了类似的事件。[4]

第六章
偿付能力与流动性

　　大多数资本流动，无论是国内的还是跨国的，一般都会采取债务合约的形式。无论是银行之间的资金流动，还是外国对主权债券的投资，都是如此。对债务的这种偏好，部分是因为债务可以强加给债务人偿本付息的义务。这个特点意味着，贷款人不必收集关于借款人和项目盈利能力的信息——只要评估债务人当前和未来是否有足够的收入来偿还到期债务就足够了。

　　与此同时，金融机构在为项目提供资金时，往往会产生期限错配的问题。这是因为，虽然项目可能需要一段时间才能产生回报，但是为项目融资的债务在那之前就到期了，因而必须展期，而且通常要展期很多次。贷款人从这种错配中受益，因为他们可以对借款人施加一些约束，如果他们怀疑借款人没有安全地、勤勉地实施项目，就可以拒绝对债务展期。当项目在最终产生现金流之前出现再融资需求时，如果找不到新的资金，那么项目就不得不被出售。

债务合约和再融资需求的结合，造成了偿付能力与流动性之间的区别。如果一家机构未来净现金流的净现值超过了所欠金额，那么该机构就是有偿付能力的。然而，即便有偿付能力，该机构如果无法为即将到期的债务合约完成再融资，也可能会缺乏流动性。在这种情况下，它的融资流动性就很低。与此同时，由于市场流动性也较低，该机构就无法在不承受巨大折价损失的情况下出售该项目。

因为偿付能力取决于未来的收入，所以用来贴现的利率就决定了对偿付能力的评估。如果利率任意高，那么任何一个负有一定债务、拥有一定未来收入的机构，都会失去偿付能力。此外，如果未来现金流的风险更高，相关的贴现率也就更高，因为它也必须反映风险溢价。流动性问题可能会演变为偿付能力问题，因为利率上升和项目提前终止的压力可能会相互强化，并蔓延至整个金融体系。

在金融市场不完美的情况下，有些金融机构可能具有偿付能力，但缺乏流动性。即便一家机构的未来现金流的贴现值为正，金融摩擦也可能使它无法展期并继续偿还债务。这一区别非常重要，因为流动性挤兑期间，利率的上升更可能会使得一些金融机构和项目失败，给社会带来破产成本损失。适当的政策干预可能会有所帮助，但是能不能区分一个失去偿付能力的机构和一个缺乏流动性的机构，将成为危机诊断的关键。[1]

债务，以及极具挑战性的对流动性不足和失去偿付能力的区分

假设每个人都是风险中性的，且都像重视现在一样重视未来，那么任何对未来的贴现都可以归因于金融摩擦。再假设，有一家机构进入了市场，它要进行再融资，目标是筹集一笔数额为 q 的资金，以便支持一个项目进入下一个周期。如果这家机构存活下来，该项目可以为它带来一个随机的收益 z。具体来讲，该收益可以等概率地取 0~1 之间的任意值，因此其期望值为 1/2。

再假设这个机构只能发行有可能违约的债务合约。合约规定，作为对今天提供贷款 q 的交换，债权人有权在未来获得面值为 F 的偿付。如果实现的收益高于承诺的偿付，那么必须支付的数额仍然为 F，剩余部分作为企业家的利润归该机构所有。如果实现的收益低于承诺的偿付，那么该机构能够支付给债权人的数额上限就是 z 的实现值。

在图 6-1 中，图 6-1a 说明了该债务合约的收益情况，其纵轴为债务的偿付面值 F，横轴为项目的实际收益 z。如图 6-1a 所示，向上倾斜的那条线是 45° 线。假设承诺的偿付为比较低的 $F_{低}$，那么当收益 z 少于 $F_{低}$ 时，该项债务的收益就在 45° 线上，因为债务持有人得到了项目的全部剩余价值（这要低于承诺的偿付）。如果收益 z 高于 $F_{低}$，那么该项债务的收益曲线就是水平线，因为只需要支付 $F_{低}$。

类似的，对于有较高偿付承诺 $F_{高}$ 的债务，违约的概率也更高。在这种情况下，如果项目的收益 z 低于 $F_{高}$，就会发生违约。不过如果没有发生违约，偿付当然也更高。

贷款人的期望收益，等于借款人违约时的期望还款额加上债务全部偿还时的实际承诺还款额。当 $z<F$ 时，即发生违约时，期望还款额等于 z 的期望值。债务全部清偿时的期望还款额则等于承诺还款额 F 乘 $z\geq F$ 的概率。从图 6-1a 上看，给定一个均匀分布，对于 $F_{低}$ 的情形，期望还款额等于下面那条水平线以下的区域的面积；而对于 $F_{高}$ 的情形，期望还款额则等于上面那条水平线以下的区域的面积。或者说，期望还款额总是等于阴影矩形和它左边的三角形的面积之和。[2] 对于承诺还款的最大金额，$F=1$，投资项目的企业必定只能违约，此时贷款人实际上充当了股东的角色，因为它保留了项目的全部价值。此时企业能够承诺的预期（净）回报为 1/2，

即 $F=1$ 时的三角形的面积。

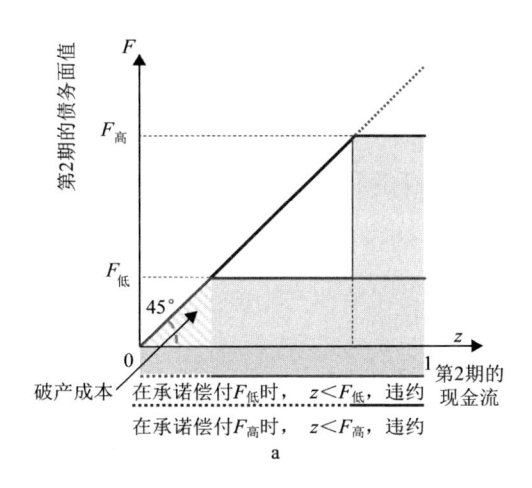

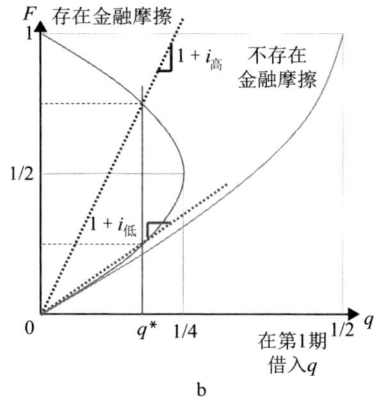

图 6-1 债务的偿付能力和流动性

现在，考虑在债务合约的限制之外还存在金融摩擦，即假设存在破产成本。当投资项目的企业违约时，项目带来的收益有一部分会消失不见，从而导致一定的价值损失。这是因为破产清算是一个代价高昂的过程。当债权人没收一项资产时，该资产就无法像企业家根据自己的想法、利用自己的技能去经营那样产生大量的现金流了。在这里我们只考虑这种金融摩擦的一个极端和简单化的版本：一旦触发违约，就总是会导致整个项目的价值全部损失。律师费、破产诉讼费以及心怀不满的借款人在项目被没收前就彻底"拆除"项目——这些加在一起吞噬了所有的项目收益。因此，当存在金融摩擦时，如果 $z < F$，贷款人和借款人都将一无所获，因为整个 z 都损失掉了。这样一来，项目的总收益将取决于项目的价值如何在该机构与债权人之间分配。

承诺付款的债务 F 的期望收益，现在仅等于它得到偿付的概率乘偿付额[3]，这就是图 6-1a 中阴影矩形的面积。原来用三角形表示的那部分收益则消失了，它们被破产成本吞噬了。

现在再来比较图中描绘的两个债务合约，它们具有不同的承诺还款额，分别用 $F_{低}$ 和 $F_{高}$ 表示。对贷款人来说，它们的预期收益是相同的，分别用 $F_{低}$ 下面的阴影区域和 $F_{高}$ 下面的阴影区域表示（在图中，后者有一部分被前者遮盖了）。之所以如此，是因为承诺面值较高的债务更有可能得不到偿还。显然，两种极端情况，即面值高于 1 的债务合约和面值为 0 的债务合约，都是没有价值的。前者是因为它总是会触发违约，所以永远不会被偿还；后者则是因为虽然总是会被偿还，但金额为0。在我们的例子中，由于贷款人是风险中性的，而且没有时间偏好，所以阴影矩形表示的预期收益与借款人当初为展期融资而筹集的金额 q 是一致的。

在此基础上，我们在图6-1b的横轴上画出了借款人最初的借款金额 q，在纵轴上画出了债务的承诺收益。在不存在破产成本的情况下，F 的增加会导致 q 的增加，图中向上倾斜的曲线说明了这一点。如图6-1a所示，较高的债务面值会提高由矩形及其左侧三角形组成的区域给出的债务预期还款额。因此，可以借款的金额也增加了。只要该机构需要借款的金额少于1/2，即曲线上 $F=1$ 时的点，该机构就是有偿付能力的。

再考虑存在破产成本的情况。图6-1a的矩形显示了最初可以筹集到的金额。从图6-1b可见，与债务预期收益相匹配的借款金额 q 是与承诺还款金额 F 相关的，这种关系表现为一条有一部分向右弯曲的抛物线。抛物线的右峰位于承诺还款额为1/2的点上，因为以这个数额支付的概率为1/2，所以期望还款额为1/4。这样就得出了贷款人愿意再融资的最大金额。

如果该机构需要的借款金额超过了1/4，也就是位于抛物线右边的任何数额，那么它就会失去偿付能力，因为借款人从投资该企业中得到回报是负的,他们借出的钱比预期能够要回的多。请注意,从原点到抛物线的一条射线的斜率给出了贷款可以带来的承诺总利率,$1+i=F/q$,也就是由承诺的还款额除以贷款额 q 得出。显然,F 越高,利率越高。[4]

然而,即便该机构在当期必须筹集的资金量 q 小于 1/4,它也可能无法做到。如果没有任何单个贷款人拥有 q 的资金,那么每个贷款人所要求的面值 F 就取决于其他贷款人的要求。这时就会出现两种可能的均衡。如果其他人只要求低面值,比如说 $F_{低}$,那么可以筹集的资金量就由图 6-1a 中的阴影区域面积给出,并且可以用图 6-1b 中(x 轴上)的 q^* 表示。如果是这样,那么只有在未来实现的现金流 z 非常低的情况下,才会出现违约。换句话说,破产概率很低,这也正是为什么有的投资者愿意以低面值 $F_{低}$(这相当于低利率)放贷。然而,如果其他贷款人都要求高面值 $F_{高}$,那么违约的可能性将会变得更大,因为在 z 的更多可能的实现值下都可能出现违约。给定隐含的高违约概率,该单个贷款人也会要求高面值(或利率)。尽管借款人承诺了更高的还款额,但是第二个均衡还是只能给出相同的资金 q^*(因为两个矩形的面积相同)。在这种情况下,如果一家机构必须再融资的资金量 q 小于 1/4 但超过了 q^*,那么它就是虽然拥有偿付能力,但缺乏流动性。

这就是说，经济可以突然从低面值均衡跳到高面值（流动性不足）均衡。因而，贷款是具有策略互补性的：如果其他所有贷款人只愿意以高面值（高利率）贷款，那么单个贷款人也会要求高面值（高利率）。相比之下，如果其他所有贷款人都愿意以较低的面值贷款，那么违约概率较低，因此单个贷款人也会对较低的面值感到满意。总而言之，如果市场认为债务水平是可持续的，不太可能出现违约，那么它所收取的利率就会很低，因而更高的债务水平也将是可持续的。相反，如果市场认为违约概率很高，那么利率就会上升，这就会降低可持续债务的上限，从而真的使违约的概率更高。

然而，在流动性危机中，高利率是对借款人（和社会）不利的。违约概率变得更高，因此违约的巨大社会成本更有可能成为现实。在图6-1a中，阴影矩形左侧的三角形可以用来衡量因存在金融摩擦而出现违约的预期社会成本，在我们这个例子中是指在破产过程中损失的资源。或者，也可以用图6-1b中向上倾斜的曲线与抛物线之间的水平距离来衡量这些预期损失。承诺还款额越高，这种社会成本就越高。

该机构可以通过减少需要借入的金额 q 来避免陷入流动性不足均衡。一种方法是，持有一些市场流动性高的资产，这些资产不需要太多折价就可以很容易地出售变现。现金是一种流动性特别强的资产。如果均衡发生了转换，那么该机构就可以利用这些资产来减少借款。另一种方法是从一开始就尽量避免项目完成期限和债务期限之间的期限错配。如果该机构拥有只在收益 z 实现时才需要偿还的债务，就可以避免可能引发危机的债务展期问题。

无论借款的机构是企业、银行还是国家，只要它发行债务，上面的分析就是适用的。如果借款的主体是政府，那么它的未来现金流（实际收益）z 就是财政盈余。由于会受到政治因素的影响，财政盈余特别难以预测。而且，一个国家能够获得的财政盈余是有限的，这既是因为税收收入有上限，也因为政府承诺会提供一定量的公共服务并支付养老金和公务员工资，而且这些承诺会随着时间的推移而改变。这种不断递增的政治不确定性，也使得主权债务很容易出现流动性和偿付能力危机。

像国际货币基金组织这样的国际机构可以为陷入困境的国家提供一定的政策支持。现在，假设某国经济受到一个负面的基本面冲击，其项目的收益 z（可以理解为该国未来的财政盈余）变得更低了（图6-1a中横轴下方的矩形），因此，抛物线的峰值降低了，利率则上升了。一种可能是，这个国家的收益本来就已经接近这个顶点了，因此即便一个很小的负面冲击也会将这个国家推向无力偿付的境地，从而证明利率的大幅上升是合理的。另一种可能是，也许事实并非如此，但这个冲击导致债权人的信念发生了变化，即从抛物线的流动性充足部分切换到流动性不足部分。在这种情况下，利率上升的原因其实在于流动性危机。正如很难估计抛物线的峰值一样，区分没有偿付能力和缺乏流动性也很难。

如果这个国家已经没有偿付能力，那么外国援助就相当于一种资金转移。外国援助的作用是将债务国所需融资 q 降低到抛物线的顶点以下。这可以解决债务国的危机，但是外国的纳税人通常不支持这样的转移支付，当然这也可以理解。与此相反，如果该国只是缺乏流动性，那么只要承诺以固定的低利率贷款给该国——债务面值高于 $F_{低}$ 但低于 $F_{高}$ ——危机就足以消除了。在将坏的均衡排除在外之后，由于这个国家可以向国际货币基金组织求助，私人债权人就可以在好的均衡上实现协调了。这里不需要财富转移。从国内的角度来看，如果这个国家的问题是偿付能力不足，那么最好是马上违约，重新就债务进行谈判，然后继续轻装前进。如果这个国家的问题在于缺乏流动性，那么它应该奋力抵御市场动荡，赢得时间证明自己是有偿付能力的，从而说服债权人向好的均衡前进。到底是这两者当中的哪一个，是决策者必须做出的至关重要的一个判断。[5]

德国 1931 年银行系统挤兑

如果流动性不足的问题不能得到及时解决，它就会演变成偿付能力不足的问题。这些问题会蔓延开来，拖垮整个金融体系，甚至损害实体经济。

1931 年 5 月 11 日，一家名为"联合信贷"（Creditanstalt）的奥地利银行倒闭。1931 年 7 月 13 日，德国第二大银行达纳特银行（Danatbank）宣告破产，导致德国发生了系统性银行危机。德国达纳特银行与奥地利联合信贷银行之间并没有合同关系，但是联合信贷银行的破产加剧了欧洲各银行的债权人的担忧，并引发了均衡状态的转换，使得达纳特银行变得流动性不足。不久之后，德国的整个金融系统就出现了系统性崩溃，令经济萧条雪上加霜。大萧条对这个国家的打击尤为严重，并促成了希特勒的崛起。

崩溃是分三个阶段发生的。第一个阶段，德国各家银行拒绝在银行间市场相互拆借。第二个阶段，批发融资市场也枯竭了。第三个阶段，散户存款人到银行挤兑（请记住，那个时代还没有存款保险制度）。最初，人们只是将活期存款重新洗牌，从一家银行取出资金，然后存入其他（更安全的）银行；后来，整个银行系统都发生了挤兑。

随着银行面临越来越多的融资流动性问题，它们开足马力抛售所持有的流动性资产。图 6-2 阴影部分描绘了整个银行系统资产的下降情况。尽管银行也削减了贷款，但是银行间借贷和流动性证券的降幅还要更大。一家银行减少的银行间流动资产持有量，就是另一家银行减少的融资流动性，因为当一家银行不再从其他银行购买短期债务时，其他银行就必须出售自己的短期流动性资产，并减少向其他银行借出资金。图 6-2 中的各条曲线描绘了整固后的银行系统负债端的变化情况，表明最初主要是银行间借款的减少，1931 年 5 月开始，存款出现了急剧下降。

通常，在流动性挤兑的情况下，中央银行会介入并充当最后贷款人。但是在我们讨论的这个例子中，德意志帝国银行（德国中央银行）被金本位制束住了手脚。当时的金本位制要求用黄金储备覆盖 40% 的流通中货币。随着挤兑的加剧，德国中央银行损失了越来越多的黄金储备。为了避免违背黄金覆盖率要求，德国中央银行提高了银行从中央银行借款的利率，并提高了这些贷款的抵押品要求，从而使得私人银行从中央银行借款更加困难。这样做的初衷是阻止黄金随着金融危机从该国外流，却放大了金融崩溃。最终，德国中央银行不得不完全停止对银行系统的流动性支持，导致达纳特银行流动性不足，并引发了大范围的恐慌。为了遏制恐慌，德国不得不宣布所有银行放假休业。

1931年的德国银行业危机表明流动性不足问题是如何在银行和国家之间蔓延，并演变成更深层次的偿付能力问题的。直到1932年3月，德国政府将濒临倒闭的达纳特银行与德累斯顿银行合并，并获得德国最大银行德意志银行1/3的股权，德国银行业危机才得以缓解。[6]

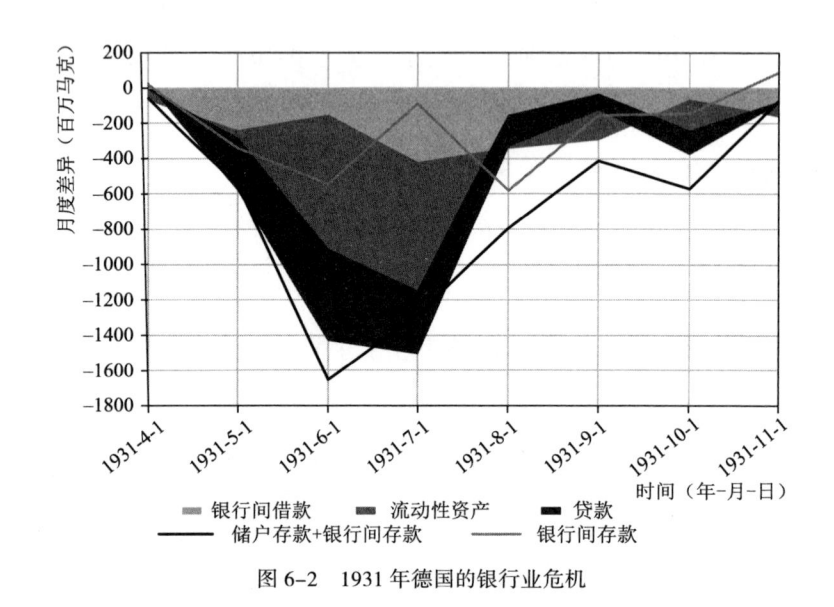

图6-2　1931年德国的银行业危机

希腊2010—2012年主权债务危机及国际货币基金组织的作用

　　2009年10月，希腊政府披露，该国的统计机构在长达10年的时间里一直在低报公共赤字和债务水平。特别在过去的那两年中，由于全球经济衰退，希腊的公共赤字一路飙升，先前对2009年赤字水平的估计仅为3.7%，而新公布的估计值高达12.5%。2010年1月12日，欧盟委员会发布了一份措辞严厉的报告，表示它甚至对新的数据也不太信任，并指出希腊在社会保障、医疗和公共企业融资等各方面都存在问题。人们认为希腊政府偿还债务的能力严重下降；与此同时，所有的宣传都可能会引发债权人信念的改变。

2009年9月底，10年期希腊主权债务的利率为4.5%，到2010年1月底就提高到7.0%，然后到该年7月份达到两位数，18个月后，更是高达26.0%。出现这种情况，是因为人们认为希腊政府进一步失去偿付能力，还是因为人们认为希腊政府面临流动性危机？

图6-3显示了市场对希腊在未来5年任一时期可能违约的概率估计。这些估计值是根据投资者为了获得这种情况下（即希腊政府违约时）的保险而愿意支付的保险费得出的。2010年5月，在对希腊政府无力偿付的看法再度激增后，国际货币基金组织和欧盟宣布了一项为期3年的纾困计划，其中包括以国际货币基金组织确定的固定利率提供高达1100亿欧元的信贷。仅仅一个星期后，欧盟创建了一个新的机构——

欧洲金融稳定基金（EFSF），并赋予其 4400 亿欧元的放贷能力；同时，欧洲中央银行也宣布了一项证券市场计划（SMP），根据该计划，欧洲中央银行将购买主权债券。这些机构都认为希腊当时面临的是流动性问题。令人欣慰的是，希腊的利率随之大幅下降，从 2010 年 5 月初的 8.9% 下降到了 5 月中旬的 7.8%，这与官方消除坏的均衡的计划一致。[7]

然而，市场对希腊政府失去偿付能力的担忧仍然居高不下。一个月后，信用评级机构穆迪将希腊主权债券归类为"垃圾债券"，理由是它们违约的可能性非常高。10 月，在多维尔镇，法国总统和德国总理宣布，他们的国家不会全额负担希腊债务，同时要求私人债权人承担部分损失。希腊的预期违约率迅速上升，很快超过了 50%，到 2011 年 6 月更是达到了 70%。在那个时候，法国和德国政府进一步坚持"私人部门也要参与进来"，并启动了谈判进程，讨论一旦希腊违约，债权人可以对希腊主权债券索取多少剩余价值。于是希腊的预期违约率再次飙升，另一家信用评级机构（标准普尔）紧随其后，认为希腊政府破产的风险非常高。

到那时，官方债权人的观点相对于一年前已经发生了变化。欧盟推迟了对希腊的第二轮救助计划，国际货币基金组织在其 7 月的评估报告中承认，希腊债务"很可能"是不可

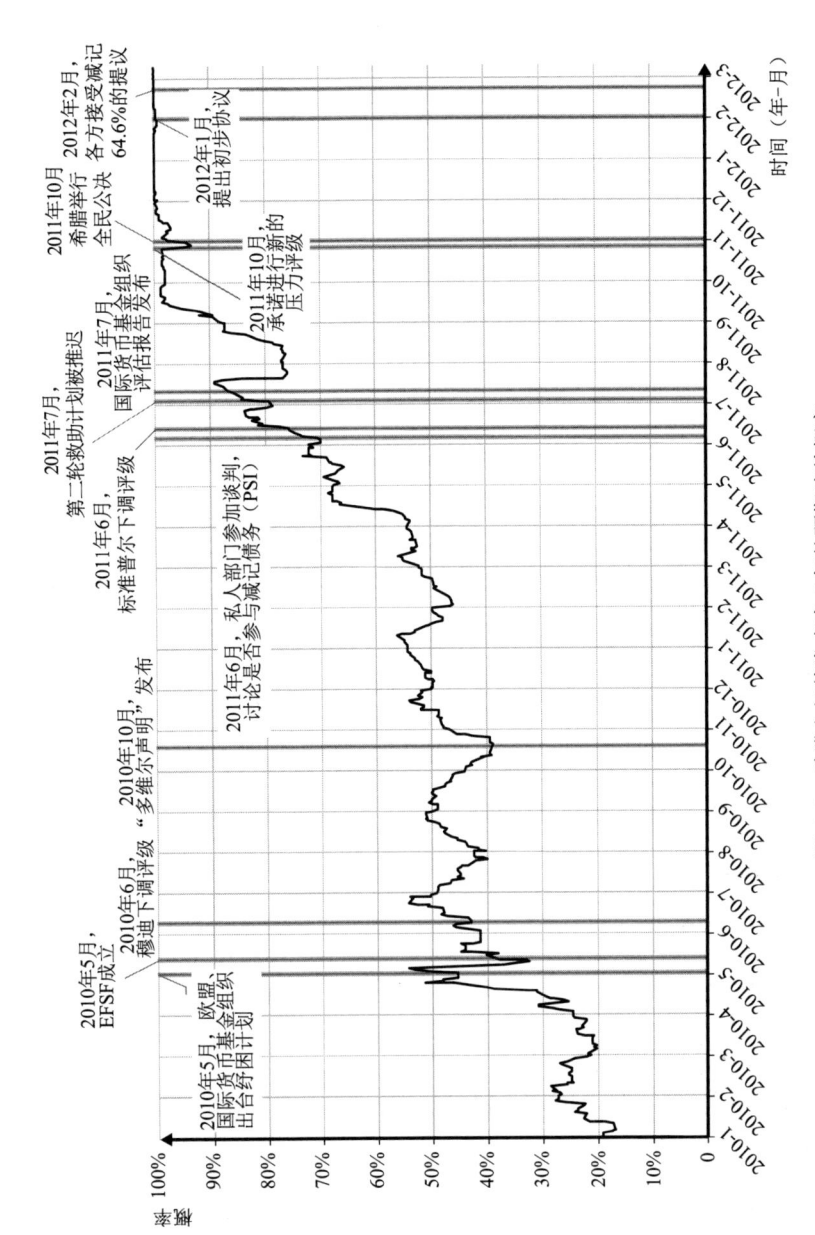

图 6-3 希腊主权债券未来 5 年的预期违约概率

第六章 偿付能力与流动性

持续的。终于，所有人都承认，希腊政府已经无力偿付。到2011年10月，欧盟提议债权人考虑接受贷款50%的损失。2012年1月，希腊新总理上任，有关方面又提出另一个试探性的初步提议；到2012年2月，希腊真的出现了债券违约。债权人将1770亿欧元的希腊旧债券换成了比现值低64.6%的新债券。

现在再回过头去看，或许我们可以更清楚地看到，希腊在2010年初就已经失去偿付能力了。从那时到两年后的实际违约，私人资本流动发生了戏剧性的逆转，这些资本是在此前10年间涌入希腊的，这段时间却在逃离，其间资本流入总额也下降了，不过幅度小得多，因为公共资本涌入取代了私人资本外逃。随着多年来官方信贷的缓慢偿还，未来我们会知道欧盟国家到底向希腊转移了多少财富。

在同一时期，意大利、葡萄牙和西班牙也发生了类似的资本流动和利率飙升。不过这三个国家都没有出现债务违约，而且在公共资本流入仅仅几年之后，它们就都回到了相对较低的利率水平。这个事实表明它们当初可能只是缺乏流动性。相比之下，希腊的问题则导致信念转向坏的均衡，尽管欧盟、国际货币基金组织的计划有助于消除这种坏的均衡。然而，在2010年初，与希腊相比，葡萄牙的净外债是希腊的两倍，意大利的人均国内生产总值在过去10年里增长了45%，西班牙银行业的状况也更加糟糕。更普适的教训是，在现实中，区分偿付能力不足和流动性不足几乎是一项不可能完成的任务。[8]

第七章
私人部门和公共部门之间的联结

美国以外的银行一般都会持有政府债券，有以下几个原因。

第一，金融监管要求银行以安全证券的形式持有一小部分资产，而且金融监管规则将政府债务视为无风险的，直接忽略了其违约的可能。换句话说，银行不需要为持有政府债务留任何股本缓冲。此外，当这种债务的违约风险变得比较高时，主权政府就会支付非常高的利率，这样一来，相对于需要持有股权资本的其他替代性投资，政府债券成了一种很有吸引力的投资选择。

第二，银行之所以持有政府债券，是因为知道中央银行乐于将它们作为优质抵押品。通过持有政府债券这种资产，银行可以确保在必要时获得中央银行提供的流动性。尤其是在财政危机期间，银行会将有风险的政府债券作为抵押品，从中央银行借款。

第三，银行之所以持有政府债券，与许多国家公共债务市场的组织形式有关。银行首先从政府手中购买公开发行的政府债券，过一段时间后再转售给其他私人投资者。银行是政府债券的一级交易商，参与这种交易能够给银行带来利润，但是这也意味着它们必须经常将政府债券持有一段时间，直到找到债券的买家。

第四，由于银行的监管者是政府，而政府必须为其有风险债券找到买家，因此政府经常通过"道德劝说"等手段来迫使银行购买不符合其风险收益特征的债券。不过这样做本身也可能有其可取之处：因为银行业危机通常会使整个经济付出沉重的代价，通过让银行持有大量政府债券，政府就能够承诺不违约，这样可以消除本书第六章讨论的高利率流动性不足均衡。

与此同时，银行往往可以指望政府的显性和隐性担保。说政府提供显性担保，是因为政府为一部分银行存款提供了保险，从而减少了银行挤兑的动机。说政府提供隐性担保的原因是，如果一家银行的规模足够大，它的破产就会波及许多行业，这些行业的正常运营在很大程度上依赖银行，因为它们需要银行来处理支付和提供短期信贷。为了避免这种极其庞大的经济成本，政府经常会决定救助陷入困境的银行

（即便事先并不存在官方担保）。[1]

"恶魔循环"/"末日循环"

全国性银行大规模持有政府债券，同时政府对银行提供担保，这种集中效应形成了一个"恶魔循环"（或称"末日循环"）。想象一下，由于出现了流动性危机，投资者提高了对政府债券违约风险的预期，因此政府要想发行新债券就必须提高利率。而新债券利率的提高意味着银行持有的旧债券的现在价值变得更低。这种损失是巨大的，并且会通过不利的反馈循环被螺旋式放大，从而导致银行大幅减少贷款。首先，随着银行资产净值的下降，触发政府担保的可能性上升。这种可能的额外公共支出会使财政平衡恶化，进一步降低政府债券的价值，削弱银行的资产负债表。其次，银行将不得不削减对其他经济部门的贷款，从而减少经济活动，进而降低税收，增加政府支出。政府的财政因此进一步恶化。

同样地，私人部门内部也会出现类似的跨资产负债表循环。作为例子，不妨考虑房地产开发商和家庭的行为。一方面，当银行削减信贷并提高贷款利率时，房地产开发商就不得不在这种市场流动性低的时候抛售库存房屋。更加糟糕的是，他们还不得不放弃尚未完工的建筑（即任其成为"烂尾楼"），这是对财富的极大破坏，因为早期的投资是不可逆的。另一方面，家庭也无法继续像以前那么容易获得抵押贷款，而且可能要面对更高的抵押贷款利率，因此任何单个冲击的出现，都可能迫使他们不得不卖掉自己的房子。结果，房产建筑开发活动减少，房地产行业陷入危机。而且，在房地产开发公司和建筑公司遭受严重损失、房主拖欠抵押贷款的情况下，抵押贷款证券化产品的价值也随之下降，从而银行也会有损失，这一切反馈到金融系统，会导致进一步的损失。于是，经济活动作为一个整体可能会被拖入一个低活跃水平均衡或萧条均衡。这就降低了政府的税收，反过来又加大了主权债务违约的可能性。这种跨资产负债表的循环，放大了整个经济中相互关联的不同市场的冲击。系统性危机通过初始冲击的一般均衡传播，扩散到实体经济，然后传播回来。图7-1描述了这种"恶魔循环"。[2]

2007—2010年欧洲各国银行与其主权债务之间的循环

欧洲各国银行特别倾向于持有国家主权债券。在整个危机期间，每个国家的主权债券都被监管机构视为完全安全的，即便是在该国财政状况濒临破产的情况下。欧洲中央银行的政策是，在缺乏整个欧元区的安全债券的情况下，接受

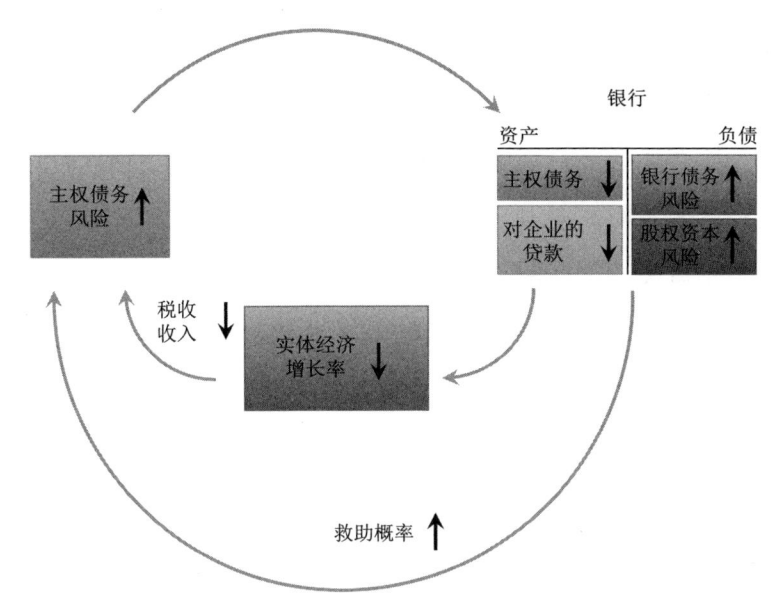

图 7-1　主权债务风险与金融风险之间的"恶魔循环"

将每个国家的主权债券作为储备。然而，单个主权国家的公共债务市场往往流动性不高，尤其是对那些小国而言，这就增强了对银行作为一级交易商的依赖。最后，考虑到违约频发的历史，一些外围国家非常看重持有公共债务的银行所提供的承诺。

与此同时，政府向银行提供的担保范围更大，同时也更加脆弱。几乎每个欧洲国家都有一两个规模非常大的银行。因此，这些银行所在国家的主权政府会救助它们的承诺是不可信的。即便是只救助一家银行，也需要大量的公共支出，但是公共预算几乎从来不会预留这个方面的支出。

如图 7-2 所示，这个"恶魔循环"在欧洲危机中尤为严重。图 7-2a 描绘了 2007 年初至 2010 年底爱尔兰的银行和主权债务的违约概率。[3] 爱尔兰各大型银行在 2007 年和 2008 年遭受了巨大损失，部分原因是它们在美国次贷市场上铩羽而归。[4] 2008 年 9 月，爱尔兰财政部长向银行系统提供了广泛的政府担保，从而加剧了这种"恶魔循环"。如图所示，银行和主权债务的风险变得紧密相连，当银行倒闭、政府不得不出手救助时，情况就更是如此了。该图还显示了同一时期希腊银行和主权债务风险的演变情况。由于希腊在危机早期很难从国外借款，希腊银行开始在其资产负债表上持有大量希腊政府债券。这个"恶魔循环"是非常强大的，所以当主权债务的风险上升时，银行的风险也会上升，反之亦然。

图 7-2b 绘制出了衡量银行违约和主权债务违约风险的月度平均值，更加系统地展示了这种关联性。此外，该图还包括 2014—2017 年意大利的数据，当时其违约风险还没有那么高，当然，相关性仍然很大。这种"恶魔循环"是欧元区至今仍未解决的一个问题。从图中可以看出，这种正相关关系非常明显，2014—2017 年意大利的这一比例甚至高于之前希腊和爱尔兰的相应比例。

为了打破这个"恶魔循环"，人们进行了很多不同的尝试。

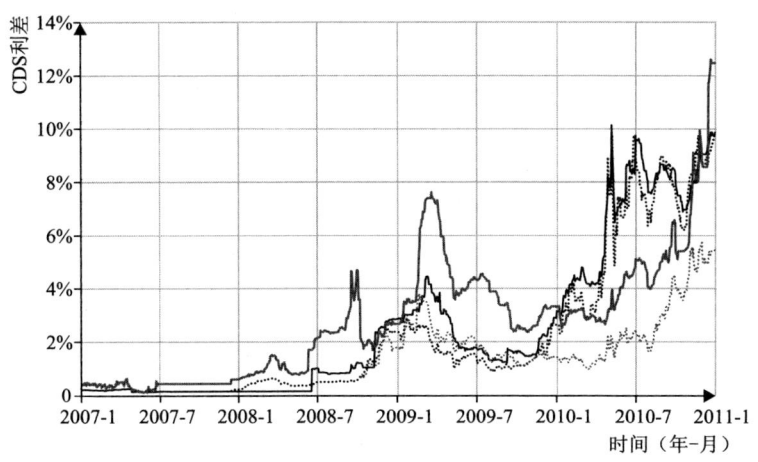

a 2007年初至2010年底,主权债务和银行的违约概率:
希腊和爱尔兰CDS(信用违约互换)利差

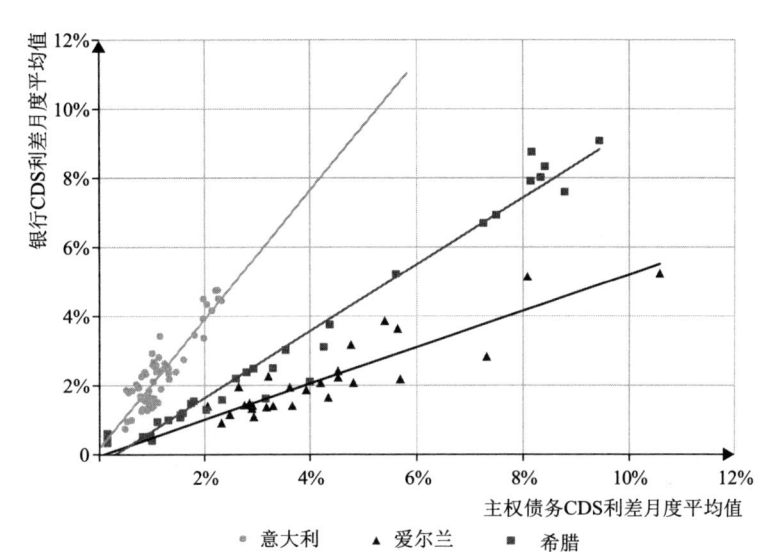

b 主权债务风险与银行风险之间的相关性:
意大利(2014—2017年)、希腊和爱尔兰(2007—2010年)

图 7-2 欧洲三国主权债务与银行的违约关系

例如，在 2013 年春，欧元集团（Eurogroup，欧元区各国财政部长的月度例会机制）主席在一次接受采访时试图捍卫自己的观点，声明从那时起，破产倒闭的银行要直接对其优先债券违约，而不能再像塞浦路斯刚刚发生的那样由政府来救助。几个小时内，整个欧洲的银行股纷纷下跌，但是主权债券的收益率开始企稳，因为"恶魔循环"减弱了。然而不久之后，他就迫于政治压力不得不收回了这个声明。[5]

阿根廷 2001—2002 年危机

在整个 20 世纪 90 年代的大部分时间里，阿根廷一直享受着高增长和低通胀的好日子。自 1991 年以来，阿根廷采用了货币局制度（在这种制度安排下，发行本国货币是以持有的外汇储备为基础的），从而将汇率与美元联系起来。不过与此同时，一些压力也在不断加大。尽管阿根廷的公共财政赤字还算温和，但是对供应商的预算外财政支出持续存在，而且社会保障支出不断增加。1998 年，巴西爆发了危机，并且危机很快蔓延到包括阿根廷在内的各个邻国，再加上大豆价格下跌，导致阿根廷在 1999—2000 年陷入了经济衰退。[6]

2001 年 3 月，阿根廷财政部长因无法实施控制财政赤字的政策措施而引咎辞职，国会则拒绝削减政府雇员工资和养老金。随着各省开始发行自己的债券,中央政府试图从夏季开始进一步控制支出的努力也无疾而终。2000年10月至2001年7月间,国际评级机构接连五次下调阿根廷主权债券的评级。

在整个2001年,阿根廷政府发现自己越来越无力偿还外债。除了向国际货币基金组织寻求贷款,它还强迫国内银行购买政府债券。如图7-3所示,在2001年这一年,无论是流向阿根廷政府的信贷份额,还是各银行在中央银行的存款,都显著增加了。2001年12月23日,阿根廷政府出人意料地宣告违约,各银行遭受了巨大损失。与此同时,以美元计价的银行存款被强行兑换成价值低得多的本国货币。比索与美元1:1的联系汇率也被放弃。这引发了好几次银行挤兑,阿根廷政府不得不几度宣布暂停取款一段时间。一场严重的银行业危机就这样出现了。

由于违约,阿根廷政府和中央银行无法继续从国外借款,因此不得不从本国银行大量借款,从而挤出了银行对私人部门的贷款。如图7-3所示,在2002年,尽管政府通过资本管制措施将存款留在了国内,但是银行对私人部门的信贷却大幅萎缩。银行业危机和公共财政危机相互推波助澜,导致了严重的经济衰退。2002年阿根廷总产出下降了11%。

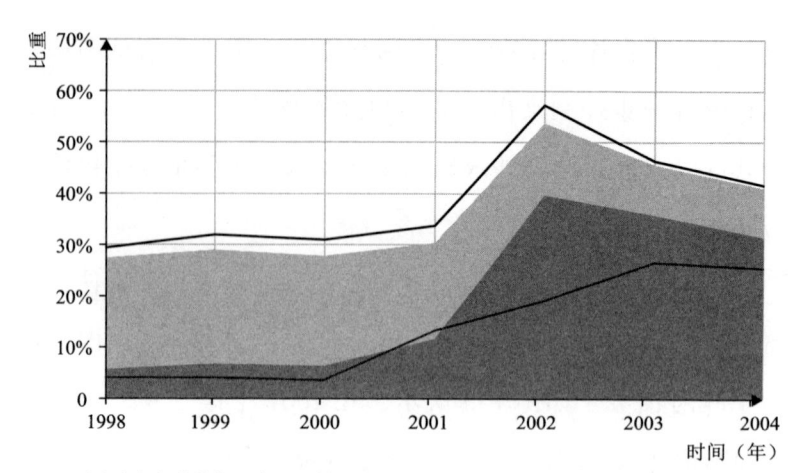

图7-3 银行向私人部门和政府提供的信贷，以及在阿根廷中央银行的存款

当政府债券难以售出且利率较高时，迫使银行持有政府债务就成了一个选择，这是金融抑制的一种常见形式。更直接的方法是提高银行在中央银行持有零利率存款（这有时被称为"法定准备金"）的要求。不过最近一个时期以来，更常见的方法是通过宏观审慎监管，要求银行持有安全且流动性高的资产，作为其负债的一部分。政府债券被视为唯一安全且具有高流动性的资产，尽管它们其实远非如此。一个更巧妙一些的方法是，迫使银行将政府债务长期展期（失控的通货膨胀可以确保它们的实际价值贬值）。[7]

第八章
逃向安全资产

　　金融危机一个矛盾的特征是，尽管许多部门和地区的利率在大幅飙升，但也有一些资产和地区的利率变得异常低。这种价格变动反映了资本向安全资产的转移。随着投资者将其投资组合从他们认为有风险的资产转向他们认为安全的资产，后者的价格就会上涨。这种从追逐风险模式到规避风险模式的转变可能会放大金融危机，因为这种价格变化会强化对各种资产的相对风险的感知。

　　在各国内部，这种逃向安全资产的行为很自然地表现为从购买股票转换为持有政府债券，因为人们认为前者在回报上的风险比后者高。而在不同国家（地区）之间，这种转移表现为资本从新兴市场经济体流向发达经济体，因为人们认为后者更安全。因此，跨境资本流动的方向将与贸易流动的方向相反，一般而言，这肯定会对宏观经济产生影响。

投资者逃离风险资产并涌入安全资产的事实引出了如下重要问题：什么是安全资产？它有哪些重要特征？这是我们首先要回答的。安全资产是一种预防性储蓄工具，它可以作为一种安全的价值储存手段，在遭遇不利冲击后仍然能够以相对稳定的价格出售。[1]

安全资产

为了更好地理解安全资产这个概念，我们以两个人为例来考虑，不妨称他们为爱丽丝和鲍勃。他们都厌恶风险，且都要应对一些个体性风险，这些风险会以意想不到的支出的形式表现出来，比如需要支付的修车费或医疗费。现在假设他们的风险是完全负相关的，即当爱丽丝面对不利冲击时，鲍勃却正面对有利冲击，反之亦然。在理想情况下，爱丽丝和鲍勃应该互相投保。不过我们假设，由于存在金融摩擦，他们无法这样做。

然而，他们可以通过持有一项安全资产来减少风险。这项资产的市场用图 8-1 中的空白矩形表示。简单起见，假设该资产不会带来任何现金流，因此将该矩形标记为"0"。由此来看，这项资产将来似乎没有任何基本面价值。另一项资产用阴影矩形表示，会带来正的现金流（记为"CF"）。如果爱丽丝受到了不利冲击、鲍勃受到了有利冲击，那么他们的阴影矩形分别会收缩和扩张，在这种情况下爱丽丝可以把不会带来现金流的资产出售给鲍勃以换得一定款项。这个交易在图中以指向右下方的黑色箭头表示。在鲍勃面临不利冲击而爱丽丝面临有利冲击的情况下，就会发生相反的交易，这种情况在图 8-1 中用指向右上方的黑色箭头来表示。总而言之，蒙受亏损的人用零现金流资产换来了正现金流资产。

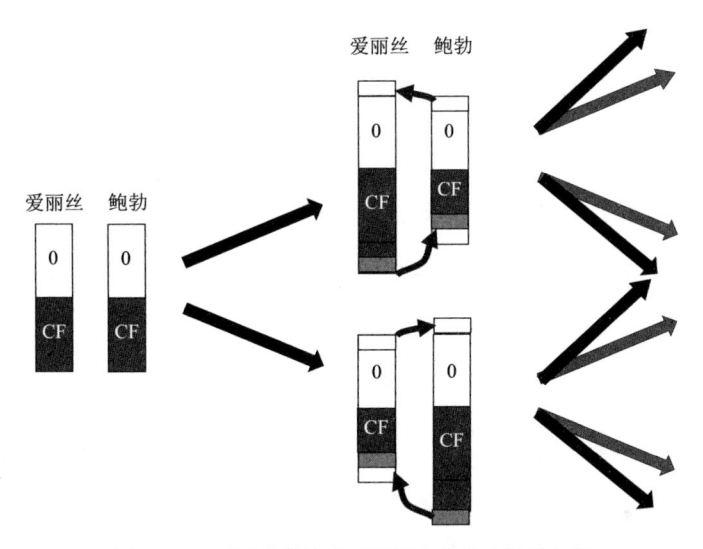

图 8-1　一项安全资产在爱丽丝和鲍勃之间的交易

尽管爱丽丝和鲍勃不能直接互相投保，但是他们可以通过持有一项（现金流为零的）安全资产，在冲击发生时重新交易来间接地投保。这就使得该项资产变得有用、有价值。它虽然不会产生现金流，但是能够通过重新交易以自我保险的形式产生服务流。这也就突显了安全资产的第一个特征：就像一个好朋友一样，当爱丽丝或鲍勃有需要的时候，它就在那里，是有价值的。

更加重要的是，如果爱丽丝和鲍勃都突然要面临更大的风险，那么这项安全资产还可能会升值。图8-1以图形方式反映了这一点，最右侧的黑色箭头表示相对于灰色箭头更大的随机变化。假设经济正在步入衰退期，而且在这个艰难时期，人们对风险的厌恶情绪一直在上升（这是一种很典型的情况）。这时，安全资产所能提供的额外间接保险服务对爱丽丝和鲍勃就更有价值了。他们希望更多地进行自我保险，并增加预防性安全资产的持有量。因此，在危机时期，安全资产的价值会上升。换句话说，在风险时期，而不仅仅是在异质性风险出现时，安全资产是每个人的好朋友。

安全资产的第二个特征是易于交易。如果安全资产的现金流在未来可能出现的各种情况下都保持不变，就是理想的实现方式。持有者不需要研究未来哪种情况更可能或更不可能发生，也不需要担心其他交易者比他更了解现金流（从而在交易时占他的便宜）。

安全资产的第三个，也是最后一个特征是，安全资产的这种地位在很大程度上是自我实现的：如果一项资产被大多数人认为是安全的，那么它就是安全的。最后一个特征从根本上说是一种同义反复。在危机时期，投资者的风险意识会上升，于是他逃离风险资产，涌向安全资产，这就增强了他们资产的安全性。

通常情况下，一个国家的政府债券在本国扮演了安全资产的角色。美国国债、德国国债和日本国债等全球储备资产，则在国际金融中扮演了这个角色。毫不奇怪，所有国家都渴望发行安全资产，因为它们的低回报要求使其成了廉价的融资来源。在危机时期，安全资产会增值，这使得政府更容易发行安全资产，从而为各种刺激措施筹集资金，以便在衰退时稳定经济。而这反过来又会增强该国的政府债券抵御宏观冲击的能力。这种机制为安全资产地位提供了另一个自我实现的元素。

当然，如果（比如说）一个国家债务重整的可能性越来越大，该国的国债就可能会失去其安全资产地位。在这种情况下，资本可能会流向外国安全资产，而这会进一步放大该国经济面临的压力。随着投资者撤回高风险资金，企业将感受到更大的融资压力，因此会减缓投资项目。这样一来，整体经济增长率将进一步放缓，从而使得该国政府更有可能违约。

欧元区 2010—2012 年危机的借贷成本

在欧元区，可以作为"安全避风港"适用于整个欧元区的政府债券并不存在。对风险的感知是针对不同地区的，而不是针对不同资产类别的，因此逃向安全资产的避险资本流就变成了跨国资本流。图 8-2 描绘了 1999 年初至 2018 年底欧元区核心国家（德国和法国）以及外围国家（希腊、爱尔兰、意大利、葡萄牙和西班牙）的主权债券收益率。[2] 在危机爆发之前，这些国家的主权债券的收益率大致相同，这表明它们都可以说是安全资产。

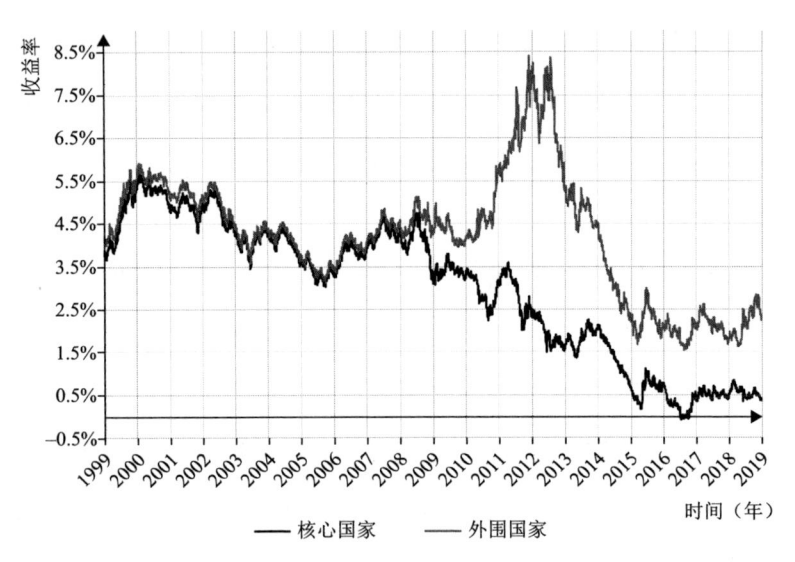

图 8-2 欧元区核心国家和外围国家的 10 年期主权债券收益率

从 2010 年初到 2012 年底，这两个序列出现了明显的分化。在此期间，即便政策制定者发表看似无关痛痒的声明，也会让市场陷入疯狂，外围国家的主权债券收益率会急剧上升和迅速下降。而在同一个时期，核心国家的主权债券收益率却稳步下降到了历史低位。这两类国家的主权债券收益率差距急剧扩大，同时，大量资本从外围国家流向核心国家，外围国家出现严重的经济衰退。

为什么人们认为德国国债是安全的，而希腊国债不是？这可以总结为三个原因，也就是这种收益率差距的三个可能风险来源（因而要让投资者承担这些风险，他们就会要求更多的事前补偿）。第一个风险来源是，外围国家货币相对于核心国家货币可能会贬值，这样当换算成相同的单位时，回报就会低于票面利率。1999 年开始使用欧元后，原本应该可以消除这两类国家之间的汇率风险，因为它们现在已经使用同一种货币了。然而，在 2010 年，这种风险又以"重新定价风险"（re-denomination risk）的形式出现了——风险在于，欧元债务将以价值低于欧元的新国家货币被重新定价，这实际上就是违约。例如，许多金融合约将希腊退出欧元区的概率从 2007 年的 1% 以下提高到 2010 年的 50% 以上。2012 年 7 月，当利差达到最高点时，欧洲中央银行行长马里奥·德拉吉断言："……欧洲中央银行已经准备好不惜一切代价来捍卫欧元。请相信我，这就足够了！"于是，人们对这种风险的感知急剧下降，利率也大幅下降。

风险的第二个来源是，安全资产地位有可能丧失。那些脆弱的欧元区国家的政府债券，现在就不是理想的预防性储蓄工具。如果其他人认为用这些债券无法实现储蓄和自我保险，那么每个人都会认为它没有什么用。换句话说，由于这些债券的服务流减少了，投资者现在要求以更高利率的形式获得更充沛的现金流。相比之下，核心国家发行的政府债券作为安全资产却变得更具吸引力了，因此其收益率下降，导致资本从欧元区外围国家流向核心国家。[3]

风险的第三个来源是，本国国债失去安全资产地位，迫使外围国家支付更高的利息，从而增加了它们的利息负担，使得它们的政府债务水平更加不可持续，进而增大了它们违约的可能性。违约风险的增加，又进一步推高了利率。《马斯特里赫特条约》还包含了一个救助条款，正式禁止其他欧洲机构救助有债务问题的国家。这一规定背后的理由是，明确违约风险可以消除财政问题引发的通货膨胀风险，因为那样的话，欧洲中央银行就不必被迫在事后通过通货膨胀来降低债务的实际价值。再者，明确违约风险也是激活市场纪律的一种方式——让不能遵守预算纪律的国家面临更高的利率。此外，外围国家政府债券因违约风险增加变成信息敏感型债券，收益率在各种情况下不再保持不变。这样一来，消息灵通的投资者就相对不知情的投资者更占优势，前者会率先退出，导致市场冻结。此外，正如我们在第六章讨论过的，当政府不得不展期大量债务时，就可能出现一个糟糕的流动性不足均衡。

另一种方案是从根源上解决问题，即消除不同地区的债券与其基础财政状况之间的不对称性。如果发行欧元区共同债券，就可以从源头上解决这个问题，因为它相当于强加一个单一的平衡，再也不需要跨地区地逃向安全资产了。重要的是，这种债券的设计，也不需要一个国家为另一个国家的债务提供担保。[4]

2020年新冠疫情期间的大避险

图 8-3 显示了 2005—2019 年流入 21 个新兴经济体的季度净资本流量，是国际收支中直接投资或组合投资的总和。有些时候，这些流量是上升的（显示为横轴上方的柱状图），有时候，它们是下降的（显示为横轴下方的柱状图）。但是从图中明显可见，在几乎每个季度，这些流量都是正的，只有 2015 年出现了一个短暂而微小的例外，这段时间被称为"缩减恐慌"。2020 年，新冠疫情席卷全球。这一年的 1—2 月，

亚洲各国采取了严厉的防控措施来遏制病毒的传播。进入3月后，欧洲大多数国家以及美国的许多城市也都进入封锁状态。2020年第二季度，世界上大多数国家的经济活动都出现了创纪录的下行。当时人们面临着非常大的不确定性，不知道健康损失和经济损失到底会有多严重。

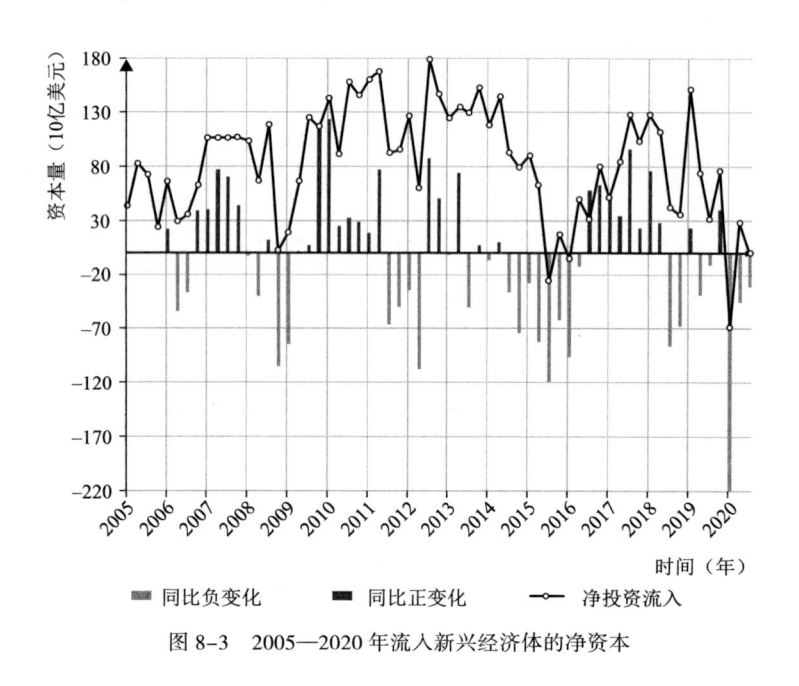

图8-3 2005—2020年流入新兴经济体的净资本

如此巨大且史无前例的冲击引发了大规模的逃向安全资产的行动。2020年第二季度，从新兴经济体流入发达经济体的资本高达令人震惊的700亿美元——与2019年第二季度相比，流入新兴经济体的资本减少了2200亿美元。其实与新兴经济体相比，发达经济体在这个季度受疫情的冲击更加严重。然而，认为它们的金融市场更安全的观念吸引了资本。这看上去有悖常理，但是它与我们在本章中讨论的经济力量是一致的：全球不确定性的增加，可以抵消核心国家受到的更大的负面冲击，并引发从外围国家转移到核心国家的避险行为。

与此同时，美联储决心全力保护美国国债市场：从那些想要出售美国国债的人手中购买美国国债，为那些需要流动性的人提供以美国国债为抵押的贷款，并对美国国债交易市场上的交易商予以大力支持。在接下来的两个季度里，良好的政策加上绝佳的运气扭转了这一趋势。尽管离开新兴市场的资本并没有直接回流，但是资本的外流立即停止了。至少在2020年和2021年初，新兴市场避免了一场危机。

第三部分

政策与经济复苏

第九章
汇率政策与复苏速度

对一个小型开放经济体来说，从衰退中复苏的速度——这体现了该经济体的韧性——部分取决于国内商品和服务相对于国外商品和服务的价格，即实际汇率。如果实际汇率出现下降（汇率贬值），那么该经济体的出口就变得更便宜，进口变得更贵。这样一来，国内支出就会从国外商品转向国内商品，这两者之间的差异——贸易差额——将会趋向盈余。这就促进了国内生产，并使经济得以复苏。

这个支出转换渠道的强度取决于实际汇率贬值的速度和程度。国内商品之所以会变得更便宜，要么是因为国内的价格相对于国外的下降了，要么是因为名义汇率（用一个单位的本国货币可以兑换多少单位的外币）贬值了。在大多数经济体中，商品和服务的价格调整缓慢，但是名义汇率作为金融价格是可以快速改变的。因此，实际汇率的大部分调整是通过名义汇率的变化来实现的。大多数发达经济体会采纳的一个常见政策建议是，让名义汇率自由浮动。人们认为，当经济衰退来临时，实际汇率可以迅速贬值，从而引发经济活动的快速反弹。因此，弹性汇率制可以让经济体更能抵御冲击。

然而，金融危机引发的衰退改变了这种逻辑和政策建议。一方面，在经济衰退中，汇率贬值的初始力量比其他衰退更强，因为汇率贬值部分是由资本外逃造成的（投资者卖出本国货币，导致名义汇率下跌，因此实际汇率贬值）。另一方面，在衰退期间，汇率贬值还有影响经济的新渠道。

其中一个特别突出的渠道是，新兴经济体通常是通过银行借入外币的，这会导致它们的资产负债表出现错配，因为资产和收入以本币计价，而负债和偿债支出以外币计价。当汇率贬值时，这些债务以本国货币计算的价值会上升，偿债成本也会随之上升。因此，即便消费和生产开始复苏，投资也可能大幅下降并持续低迷。如果对银行和企业负债的这种负面影响足够强烈，它们就可能会变成一些"僵尸"，背负沉重的债务，只能通过保留收益来缓慢地重建自己的净值。这种情况可能会进一步减缓经济复苏、削弱韧性。在极端情况下，汇率贬值对投资的负面影响可能会超过其对贸易余额的正面影响，从而导致产出下降。在这种情况下，汇率贬值将会放大而不是减弱衰退。所以，现在的政策建议与以往有所不同：能够防止或减缓贬值的资本控制或汇率干预，可能有一定的好处。[1]

一个汇率和复苏模型

在均衡状态下，投资必定等于国内外储蓄的总和。国内储蓄是产出（Y）减去私人及公共支出之和后的余额。从国外角度看，当外国人输出更多的商品以换取更少的国内生产的商品时，他们就会在自己的经济中形成储蓄，因此国内经济就会出现贸易逆差。

当收入增加时，如果支出固定不变，那么储蓄自然会增加。然而，随着收入的增加，私人支出也会增加，因此储蓄的增加要少于收入的增加。此外，当收入变得更高后，人们会从国外购买更多的商品，这加大了贸易赤字，进而增加了外国人的储蓄。因此收入增加后，储蓄可能比收入增加得更多，也可能增加得更少，具体取决于收入增加对国内和国外私人支出的影响是高还是低。无论具体是哪种情况，当描述两者之间关系的储蓄函数的斜率小于 1 时，储蓄都会增加，如图 9-1 中向上倾斜的实线所示。

在图 9-1 中还有一个投资函数。在没有摩擦的金融市场

a 投资=储蓄

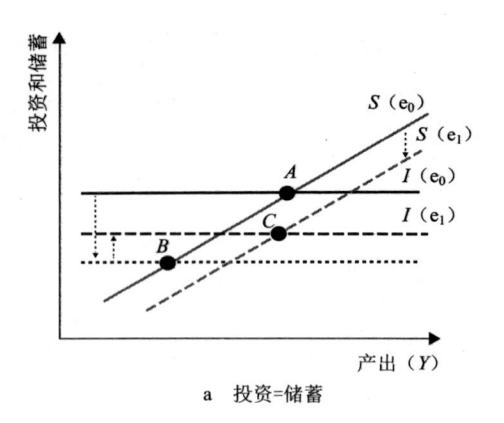

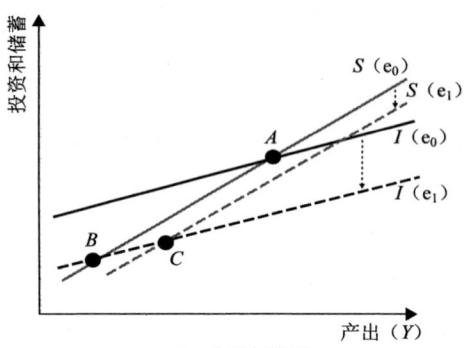

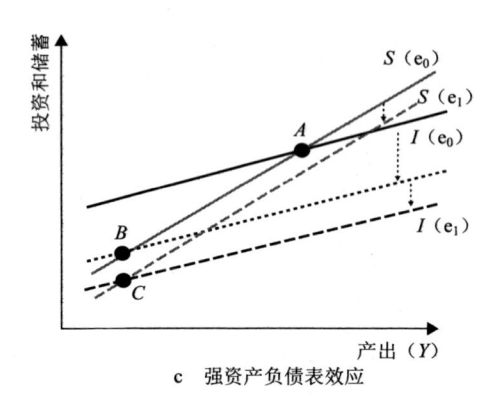

b 金融加速器

c 强资产负债表效应

图 9-1 内部和外部调整

中，投资只取决于这些投资的边际收益与企业的边际资金成本比较的结果，而不取决于产出水平。因此，该函数在图9-1a中呈现为一条水平线。投资和储蓄的内在平衡决定了两条曲线交点处的产出水平，也就是图中的 A 点。

储蓄和投资都取决于实际汇率（e）。在长期均衡中，贸易是平衡的，本国没有增加来自国外的借贷，也没有增加来自国外的储蓄，实际汇率 e 大约是1。这就是通常所说的购买力平价条件，决定国内商品和国外商品最终必须以相同的实际价格出售。然而，在任何时候，经济都有可能并不处于这种长期均衡状态，实际汇率可能不等于1，从而会影响储蓄和投资。

先考虑储蓄。如果汇率升值（e上升），那么国内出口的商品对外国人而言就变得更贵，而进口商品对国内消费者会更便宜，直接影响是贸易余额会恶化。与此同时，还会产生一个反方向的间接影响，因为每单位进口支付的费用减少了，这将改善贸易余额。马歇尔－勒纳条件指出，如果出口和进口对汇率的弹性足够大，直接影响就会超过间接影响。如果是这样（我们假设是这样），那么贬值就会使储蓄曲线下移，因为国内经济中的外国储蓄减少了。

再来看投资。支持投资的资本流有一些来自国外，因此它们取决于外国人向国内经济放贷的意愿。如果汇率相对于其长期价值暂时升值了，那么人们必定会预期它将贬值。在这种情况下，外国人预计他们以本币向国内企业放贷会面临汇率损失，因此会要求更高的回报。这就降低了投资，更高的 e 会使投资曲线下移。

至此，剩下要解释的就是，什么因素决定了汇率。汇率在某个时间点上的具体值取决于如下外部平衡：如果一个经济体存在贸易逆差，那么外国人必定在自己国内经济中储蓄，因此资本从国外流入。随着货币升值，贸易逆差也会增大。由于预期货币将会贬值，资本流动会减少。这两者相等时，也就决定了均衡实际汇率。

有了这个描述产出及其背后汇率决定因素的简单模型，我们就可以分析金融危机的影响了。从图 9-1a 中 A 点的均衡出发，想象一下，外国人，或许出于对破产的恐惧，或许受逃向安全资产的意愿驱使，变得不太愿意贷款给国内经济了。从国内来看，此时企业能够借到的钱更少了，因此投资曲线向下移动。如果汇率是固定不变的，那么经济就会移动到 B 点。随着经济步入衰退，产出下降，最终，或快或慢，实际汇率肯定会调整，要么通过货币贬值，要么通过国内价格相对于国外价格的下跌。要恢复外部平衡，这种调整是必不可少的。汇率贬值使储蓄向右移动、投资向上移动，因此经济将移动到 C 点。由此汇率调整使快速复苏成为可能。在政策上，如果希望加速实际汇率的调整，那么可以采用浮动汇率制。在浮动汇率制下，名义汇率本身就可以完成大部分工作，这与通胀政策不同，后者往往缓慢得多。

图 9-1b 和图 9-1c 纳入了金融市场的不完美性，从而修正了大幅贬值有助于经济快速复苏的乐观观点。投资不仅取决于借贷成本，还取决于销售额。当一家企业能够产生更多的收入时，它就能够以此为抵押借入更多的资金，因为债权人确信这家公司是有生存能力的，认为即便是在宏观经济低迷的情况下，它也能够继续偿还债务。此外，现金流更多的公司还可以将其作为更廉价的资金来源，扩大投资。这些现金流效应会转化为向上倾斜的投资关系，如图 9-1b 所示。于是，最初的冲击导致的危机现在被放大了，因为 B 点比以前更靠左了。经济衰退导致企业投资减少，这反过来又进一步导致实体经济活力下降。这被称为金融加速器效应，它会使经济更加不稳定，贬值则仍然会起到稳定作用。

第二个金融渠道则改变了贬值的影响。由于以外币表示的国内资产价值变得更低，因此国内企业可以向外国贷款机构提供的抵押品现在的价值也变小了。此外，在许多经济体中，国内银行是以外币（通常是美元）向国外借款的。这样一来，贬值只会提高银行以本币计价的负债的价值，但是不会提高银行的资产价值（银行的资产包括对企业的贷款和其他以本币计价的金融资产）。这种资产计价货币与负债计价货币之间的不匹配被看作一种"原罪"，因为货币大幅贬值会导致银行资产净值大幅下降，并可能导致银行破产。

贬值后资产净值大幅减少的企业和银行，在向借贷者保证他们能够还款的游戏中其实已经没有多少筹码了。这些形成了一个合力，使得当 e 下降时，投资曲线有一个向下移动的趋势。此外，借入外币的企业也会希望用外币来为商品定价，以便将自己的利息支出和销售收入的币种匹配起来。如果确实是这样，那么贬值就不再会使国内商品更加便宜。这还减小了 e 的下降对外贸的刺激作用，因为储蓄曲线向右移动的幅度变小了。

图 9-1b 显示的是这样一种情况，即资产负债表效应正好抵消了更廉价的借款的影响，因此货币贬值时投资曲线仍然保持不变。在这种情况下，经济均衡状态将恢复到 C 点处，而产出则显著低于图 9-1a 中的情况。重要的是，复苏是由消费和贸易顺差推动的，投资和资本流动仍然低迷。这被称为"凤凰涅槃式复苏"（Phoenix recovery），因为经济是从投资紧缩导致的衰退中复苏的，但投资本身几乎没有恢复。

如果贬值对国内银行和企业的资产负债表伤害还要更大，那么投资曲线会向下移动。图9-1c描绘了这种情况，其中C点现在位于B点右边一点点的地方，所以经济几乎没有复苏。一国经济，是用图9-1b还是用图9-1c来刻画，取决于国内资产负债表的状态、资产计价货币与负债计价货币不匹配的程度、冲击本身的大小，以及金融发展水平，因为它们都会影响贬值对金融状况的影响。因此，贬值对经济复苏的影响可能因国家的具体情况而异，而不是一味地有助于复苏。如果对资产负债表受损企业和银行的贷款减少抵消了对出口增长的刺激作用，贬值甚至会加深经济衰退。防止突然贬值、让资产净值得以恢复的资本管制或汇率干预政策，可以防止经济衰退演变成萧条。

不过，这可能需要一些时间，因为外部融资来源被切断后，企业只能通过保留收益来恢复自身的净值。此外，最初的严重衰退可能会导致银行倒闭，银行对借款人信用状况的了解也会随之丧失，这些都需要很长时间才能重新获得。即便最初的冲击卷土重来，或者其他政策提振了经济，投资曲线也可能在许多年里保持向左的受抑制状态，最多是缓慢地向右移动。金融危机之后的复苏之所以缓慢，是因为它们在信用上有了瑕疵。[2]

墨西哥 1994—1995 年龙舌兰危机

从 1988 年开始，墨西哥政府启动了一项雄心勃勃的金融自由化、经济改革和稳定通货膨胀的计划，核心举措是将比索钉住美元。从产出和消费的快速增长、资本的大量流入、信贷扩张，以及连续几年保持在两位数以下的通胀率来看，这项改革计划是成功的。与此同时，与墨西哥历史上的稳定计划不同，公共部门的总体收支保持了（轻微的）盈余，墨西哥中央银行积累了大量美元储备，似乎足以捍卫比索钉住美元的政策。然而，尽管基本面似乎很坚实，但还是有人担心实际汇率被高估，因为其外部赤字很大而且还在增长，同时钉住美元阻止了名义汇率贬值。

在此期间，墨西哥政府还开始出售名为 Tesobonos 的短期国债，这是一种以美元计价的公共债务。1994 年，墨西哥经济受到了两次冲击。首先，美联储提高了美国的利率，迫使墨西哥中央银行也跟着提高利率，以保持比索与美元的固定汇率。其次，墨西哥政局出现动荡（与总统选举相关，包括一次暗杀事件），使公共债务展期越来越困难。墨西哥政府开始迅速将以比索计价的短期债券和长期债券转换成更容易出售的 Tesobonos。在短短一年时间内，Tesobonos 在私人持有的公共债务中的比例，从 4% 上升到了 75%。图 9-2 显示了外国人持有的以美元计价的墨西哥债务份额的相应急剧增长，资产计价货币与负债计价货币的不匹配在墨西哥经济中变得非常极端。在这一年，公共债务的期限也变得越来越短，需要不断进行展期。

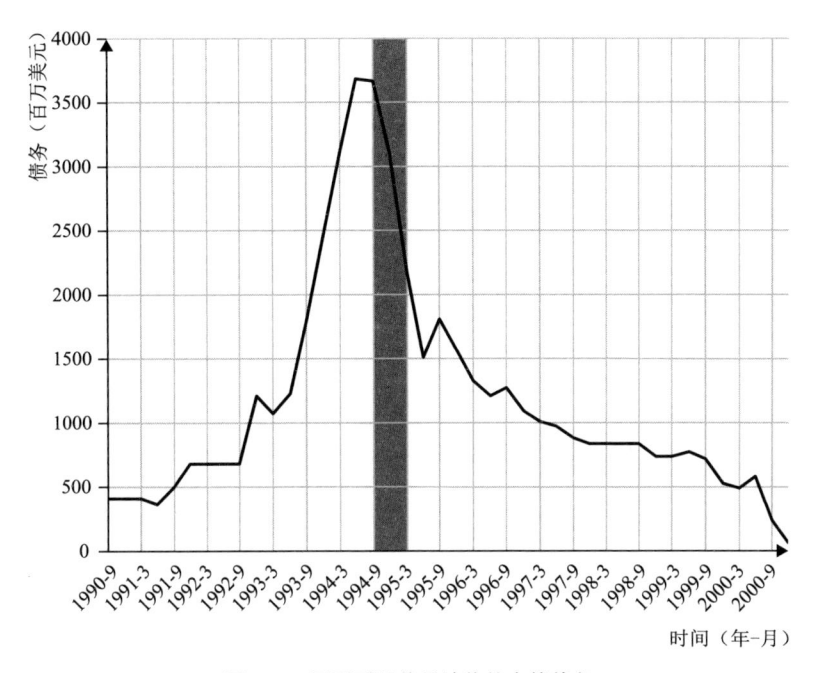

图 9-2 墨西哥以美元计价的未偿债务

1994 年 12 月 20 日，墨西哥中央银行宣布本国货币贬值 15%，希望通过这种有管理的贬值以有序的方式改善比索被高估的情况。然而，这项政策在一天之内就宣告失败。贬值提高了 Tesobonos 的比索价值，使得必要的展期更加困难。因为墨西哥中央银行的美元储备只相当于即将到期的公共债务的 1/3，它无法在钉住美元的汇率制度下偿还这些债务。经济陷入了严重衰退，进一步的贬值又进一步提高了债务的比索价值。墨西哥很快就出现了一个恶性螺旋。仅仅 3 个月后，墨西哥比索就贬值了几乎 100%，经济活动水平急剧下降。这场危机还蔓延到了阿根廷和巴西，直到美国政府向墨西哥提供了一笔贷款，才阻断了这个恶性循环。[3]

2008 年全球金融危机带来的持续停滞

由于金融加速器和现金流效应的存在，投资可能会停滞很多年。即便触发这些事件的是汇率的变化，情况也是如此。在银行和企业缓慢改善自身资产负债表的过程中，宏观金融崩溃的影响会持续存在。

2008 年 9 月，美国大型金融机构雷曼兄弟公司宣告破产，留下了大量欠其他金融中介机构的债务，让它们蒙受了重大损失。这些损失在不同金融机构和市场之间的不确定传播，冻结了金融交易，耗尽了许多银行的股本资金，导致信贷下降和金融财富大幅缩水。随之而来的是实体经济活动的衰退。比如，美国的失业率上升到 10%；到 2010 年，美国实际 GDP 比危机前的趋势值低了 10%。许多发达经济体同样经历了双重危机，即经济活动和金融活动双双下滑。然而，在其他许多经济体中，由于银行在国际金融市场上原本就不太活跃，或者杠杆率在一开始时就比较低，因此这些国家从来没有发生过重大的金融危机，尽管这场衰退也通过全球贸易下滑波及了这些国家。

在图 9-3 中，我们将全球 197 个国家和地区的国内生产总值（以美元计算）分为两组进行了加总，一组是经历了 2008 年金融危机的国家和地区（共有 22 个），另一组是没有经历 2008 年金融危机的国家和地区，然后计算出每一组历年总产出的指数（视 2008 年的总产出水平为 100）。从图中可以看出，在危机爆发之前，后来遭遇了危机的那一组国家和地区实际上经历了一个更好的 10 年，其 GDP 比另一组多增长了 16%。危机爆发后，在 2008—2009 年，这两组国家和地区都经历了经济衰退，产出都下降了；不过与另一组相比，经历了金融危机的这组的产出下降幅度更大。

经历了金融危机的这组国家和地区的衰退时间也长得多，直到 10 年之后，这一组的总产出才恢复到危机前的水平。阻碍经济复苏的主要因素是投资，投资一直处于低位，因为银

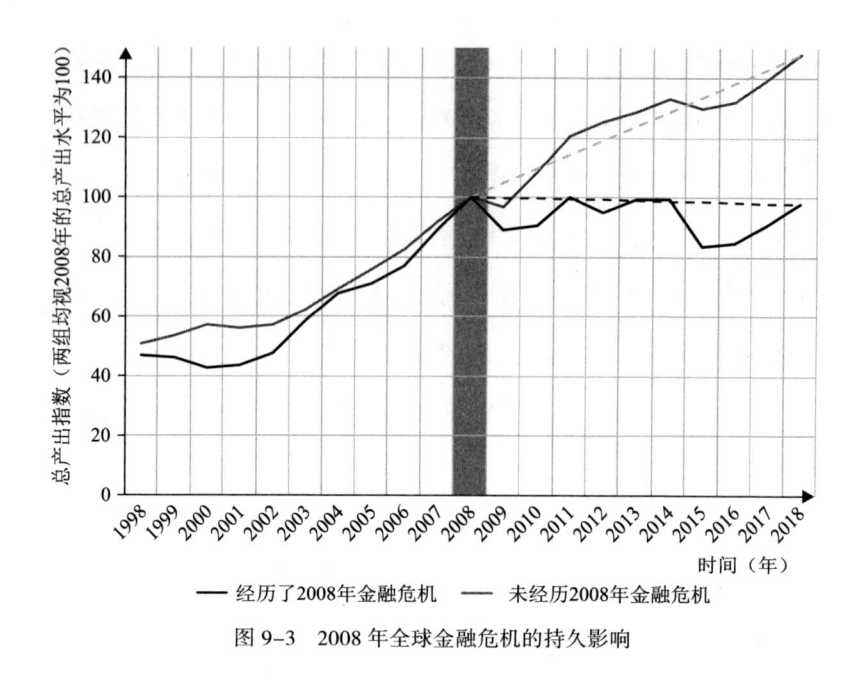

图 9-3　2008 年全球金融危机的持久影响

行和企业的净资产需要很长的时间才能恢复到原来的水平。相比之下，没有经历金融危机的那一组到 2018 年时已经比 2008 年增长了 47%。图 9-3 表明，金融危机甚至可能已经对趋势增长率产生了永久性影响。[4]

第十章
新常规货币政策

在许多国家,中央银行都承担了双重使命,既要减小失业率的波动幅度,又要让通货膨胀接近目标(通常为2%)。当一个国家陷入普遍的经济衰退(即不包含重大金融危机成分的衰退)时,标准的反应是实施降低名义利率的货币政策。在通胀预期具有黏性的情况下,这种政策可以降低实际利率,刺激企业增加投资(因为融资成本变得更低),同时刺激家庭增加支出、减少储蓄(因为储蓄回报率变得更低)。支出的增加可以提高总需求。如果总需求的变化没有完全反映在价格的上涨上(这种现象就是通常所称的名义刚性),那么总需求的增加就会提高产出。由此,产出就稳定下来了。

在过去,中央银行降低利率的传统方法是降低银行间隔夜拆借利率（就美联储而言，是联邦基金利率）的预期目标，或者降低中央银行在短期内提供给这些银行的有限贷款的利率，就欧洲中央银行而言，这是7天主要再融资操作（MRO）利率。这两种方法都是通过增加准备金（银行在中央银行的存款）来降低利率的。银行的准备金只不过是中央银行电子表格中的一些条目，记载了每家银行在中央银行的存款数额，但是由于这些条目的单位定义了经济中的记账单位，因此它们也是任何两家银行或任何两个使用银行服务的经济主体之间进行支付结算的方式。由于银行间市场的贷款对银行来说并不是准备金的完美替代品，如果准备金不支付利息，那么银行间利率就界定了准备金的机会成本。当准备金增加时，银行间利率就会下降。

由于金融危机伴随着深度衰退，从中央银行肩负的双重使命的角度来看，货币政策对金融危机的反应可能与对任何其他衰退的反应一样，那就是降息。但是在金融危机期间，中央银行可以使用的政策工具及其效果，也可能与在其他衰退中的不一样。这些政策有时被称为非常规货币政策，但是自2010年以来，它们已经变成几乎所有发达经济体中央银行的常规性政策。[1]

准备金饱和与量化宽松

在金融危机中，中央银行通常被称为银行的最后贷款人（弥补银行缺失的资金），或者被称为政府的最后贷款人（购买政府债券以防止其价格大幅下跌）。[2] 这就要求中央银行利用其权力创建准备金并将其提供给银行，方法是购买政府债券或接受这些债券作为贷款的抵押品。显然，这可以降低准备金的机会成本，即名义银行间利率 i 和为准备金支付的利率 i^v 之间的差额。

虽然这可以通过将准备金率保持在 0 来实现，但是向银行业或政府提供的准备金大幅增加，本身就意味着会出现 $i=0$ 的情况。届时，中央银行将会失去独立影响利率、控制通货膨胀和实体经济活动的能力。一个更好的选择是要求对准备金支付非零利率。只要 $i^v=i$，准备金的机会成本仍然会被压低至 0，但是中央银行现在可以选择它想要的任何 i^v 水平。这就是说，现在有效的政策工具是由中央银行控制的准备金利率，而不是中央银行可能作为目标的银行间利率。通过这一政策，银行对准备金的需求得到了满足，从而抵消了私人融资危机。图 10-1a 表明了支付准备金利率的选择，以及这种选择如何导致了准备金饱和（satiation）。

2008—2010 年金融危机期间，政策工具发生了变化，即

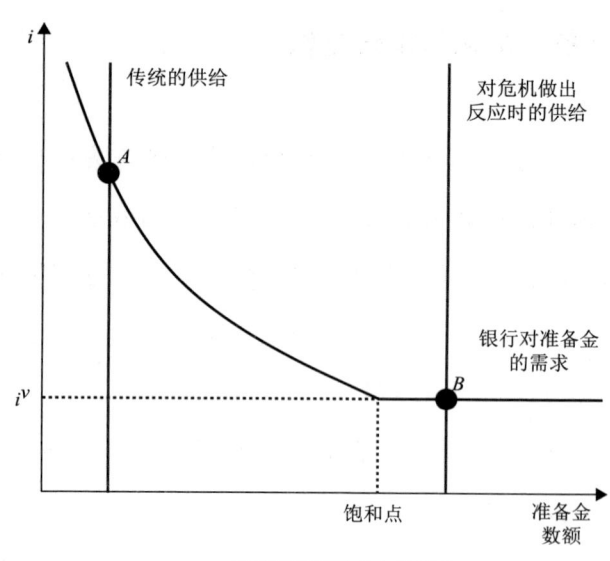

a 饱和满足对准备金的需求

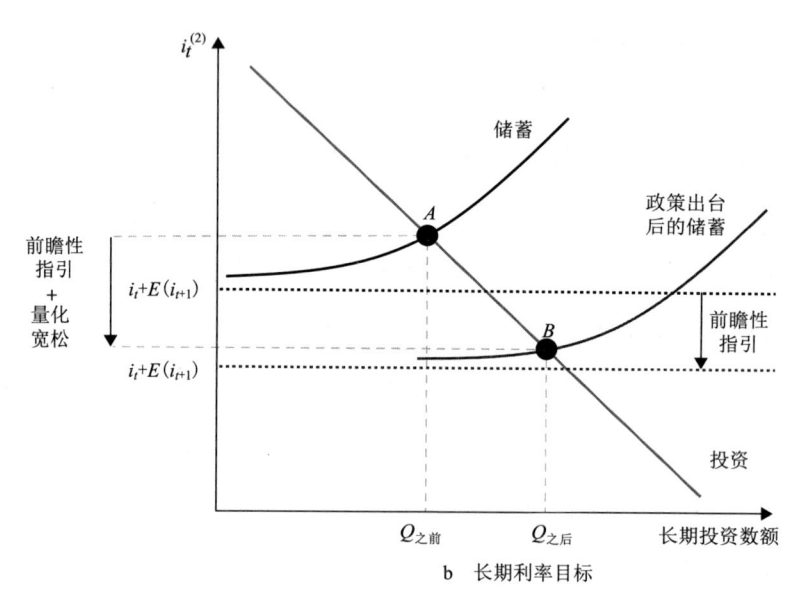

b 长期利率目标

图 10-1 非常规货币政策

从提供准备金到对准备金收取利息，从均衡时的稀缺准备金到充足准备金。然而，许多经济学家长期以来一直认为，这在任何时候都是可取的。其中特别著名的是，米尔顿·弗里德曼指出，由于中央银行可以通过改变电子表格上的条目来创造准备金，同时不会产生任何社会成本，因此准备金的私人机会成本应该为零。准备金饱和规则有时也被称为弗里德曼规则，当金融危机期间对准备金的需求增加时，这种规则十分可取。

第二类非常规政策涉及中央银行政策特别关注的利率期限。准备金利率是隔夜利率。在严重的金融危机期间，一味地降低准备金利率可能不足以刺激通货膨胀和实际经济活动。在人们开始囤积现金（这是无须支付利息的）之前，中央银行可以设定隔夜利率为负值的程度是有上限的。然而，对许多投资和储蓄决策而言，影响通货膨胀和实际活动的相关融资成本或储蓄回报率，可能不是隔夜利率，而是几个月或几年的利率。中央银行希望通过降低这些期限较长的利率来最大限度地提升刺激政策的效果。

为了理解中央银行是如何做到这一点的，可以考虑一个简单的例子。假设在日期 t，除了一个时期的利率 i_t 之外，还有一个"长期"利率 $i_t^{(2)}$，企业和家庭可以在这个利率下借贷或储蓄两个时期。$i_t^{(2)}$ 越小，延续两期的投资的机会融资成本就越低，因此对延续两期的项目的投资额越大。在图 10-1b 中，这显示为一条向下倾斜的线。

从储蓄者的角度来看，他既可以投资两期，也可以将连续两期的单期投资进行滚动投资。然而，今天无法知悉下一期的单期利率，所以储蓄者现在能做的最优选择无非是对它形成一个预期，我们将它记为 $E(i_{t+1})$。如果这种展期策略的所有风险可以在金融市场上加以分散，那么对两期储蓄的需求就将是 $i_t+E(i_{t+1})$ 处的一条水平线，如图 10-1b 的虚线所示。然而，由于金融市场的不完美性，投资者可能要求一个额外的溢价，即通常所称的期限溢价，记为 tp_t，以补偿两种策略之间可能存在的不同风险和融资需求。在图中，这一点体现为向上倾斜的储蓄线；假设私人投资者不得不持有更多这种高风险和难以出售的债券，那么期限溢价就会上升。在图 10-1b 的均衡点 A 处，$i_t^{(2)}=i_t+E(i_{t+1})+tp_t$ 就成立。

如果中央银行想要降低这个"长期"利率 $i_t^{(2)}$，并且已经将短期利率 i_t 压到了尽可能低的水平，那么它可以采取两个非常规策略。第一个策略被称为前瞻性指引，包括宣布未来的政策利率，并承诺一定会实现这些利率。这个策略可以降低投资者感知的 $E(i_{t+1})$。在图 10-1b 中，它使需求线垂直下移。第二个策略被称为量化宽松，包括购买期限更长的政府债券，以此来向出售债券的银行的准备金账户注入资金。增加对期限更长的债券的需求会提高其价格，降低投资者要求的风险补偿，从而降低 tp_t。这将会使需求曲线向右平移。这两种策略结合起来，可以在 B 点处形成新均衡；在那里，$i_t^{(2)}$ 更低，而投资水平更高。

准备金饱和与量化宽松的结合意味着，许多中央银行今天的资产负债表已经与世纪之交时的大不相同了。准备金饱和要求资产负债表扩张，因为准备金是中央银行的负债；而量化宽松要求中央银行在负债端的隔夜准备金与资产端的长期债券之间形成期限错配。这样做会带来一个副作用，那就是，$i_t^{(2)}-i_t$ 的变化现在会影响中央银行赚取或损失的净收入流。在此之前，由于资产负债表规模较小，不用支付准备金利息，净收入很稳定且少。现在，中央银行在执行货币政策时会产生或损失大量资源，因此它与财政当局的互动，以及在执行这些非常规政策时得到财政当局支持的程度，都变得更加重要了，这就给中央银行的独立性带来了压力。

日本中央银行自 1998 年以来的创新

在 20 世纪 80 年代金融危机后的 10 年里，日本经济不仅增长缓慢，还出现了温和而持久的通货紧缩。[3] 通胀预期很低，而且几乎每年的实际通胀率都远低于 2% 的目标。在连续 40 年保持相对稳定的资产负债表规模（接近于 GDP 的 10%）之后，日本中央银行在 1995 年后改变了方向。图 10-2 描绘了日本中央银行资产负债表的规模和构成。

1996 年 7 月至 1999 年 3 月，日本中央银行发行了准备金，增加了负债，并将准备金放贷给银行，增加了资产负债表中的"其他资产"。之所以需要这些贷款，是因为在 1997 年，日本的许多银行都面临非常沉重的压力（部分原因是在东南亚的投资出现了巨额亏损）。[4] 这些贷款为银行提供了资源，银行需要这些资源来安抚存款人和其他短期出资者。准备金供给的增加，满足了经济中对安全流动性资产需求的大幅增长。日本中央银行满足了对准备金的需求，这使得它在下一阶段能够将这些金融需求与使用存款利率作为通胀政策的主要工具区分开来。1999 年和 2000 年，日本中央银行关注通胀，并使用了前瞻性指引。1999 年 2 月，在存款利率已经降至 0.15% 的情况下，政策制定者宣布了存款利率的未来路径，银行间市场的隔夜利率在 1999 年和 2000 年一直保持在 0.05% 以下。准备金则几乎没有增加。

从 2001 年 3 月开始，持续到 2006 年 3 月，日本中央银行一直在实施量化宽松政策（事实上，量化宽松政策就是它发明的），试图让通胀率上升。它稳步发行准备金和购买

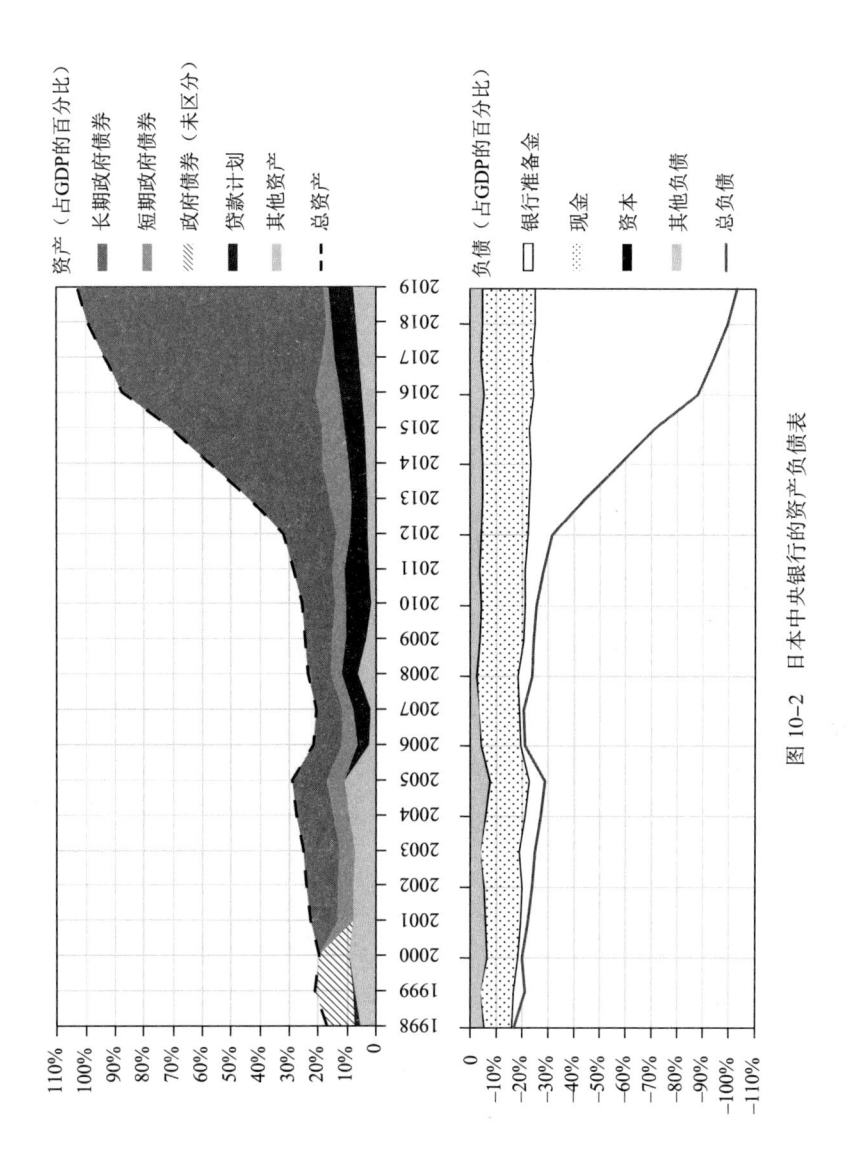

图 10-2 日本中央银行的资产负债表

长期政府债券，并承诺会持续这样做，直到商品和服务价格上涨。从图10-2中资产负债表规模的增加可以看出，这些债券的购买规模确实很大。2010年9月，日本中央银行的政策出现了两个变化。首先，准备金发行的速度加快了。其次，日本中央银行不仅试图影响我们在上一节讨论的期限溢价，还试图影响反映短期债券与其他资产之间差异的其他溢价。例如，日本中央银行也开始在股票市场购买公司债券和股票，尽管如图所示，购买的金额并不是一直那么大。

  2013—2016年，日本中央银行大大加快了扩张资产负债表的速度，并将这些政策分别命名为质化和量化宽松（QQE），以反映资产负债表规模的扩张和对不同类型资产的购买。最后，在2016年9月，日本中央银行宣布了一项控制收益率曲线的政策，其中购买长期政府债券的力度非常大，甚至瞄准了10年期利率目标。还是用图10-1来说吧，日本中央银行现在开始直接瞄准 $i_t^{(2)}$，以微调的方式移动需求曲线。2008年金融危机后，大多数发达经济体中央银行都步了日本中央银行的后尘，先是饱和满足市场对准备金的需求，然后引入量化宽松政策，最后将资产范围扩大到政府债券之外。[5]

危机期间欧元区的收益率曲线

收益率曲线可以描绘不同期限 m 的利率序列 $i_t^{(m)}$（所有利率都已调整为以年为单位）。图 10-3 绘制的是欧洲中央银行不同发展阶段的欧元债券收益率曲线。[6] 该图左侧的垂直线上的圆点则描绘了欧洲中央银行对银行的 28 天贷款利率、主要再融资操作利率和隔夜准备金利率（存款利率）之间的差距。该图提供了一个衡量准备金机会成本的粗略方法，或者说，它可以衡量欧洲银行系统离准备金饱和还有多远。

2005 年初，随着欧洲经济以常规速度扩张，收益率曲线呈现为"正常"的向上倾斜状态。准备金的机会成本很高，反映出对准备金支付的利息很低、银行系统中准备金数额较小。

到 2008 年初，发生在美国的金融危机给欧洲银行带来了融资困难问题。为了应对银行对准备金需求的右移，欧洲中央银行扩大了资产负债表，并通过将存款利率从 1% 提高到 3% 来降低准备金的机会成本。但是在此期间，它仍然采用正常的利率政策，几乎没有做出任何改变，因此整个收益率曲线只是向上平移，斜率几乎没有变化。从那时起到 2010 年初，欧元区陷入了衰退。欧洲中央银行的第一反应是通过降低短期利率等传统工具来提供刺激，因此收益率曲线变陡了。

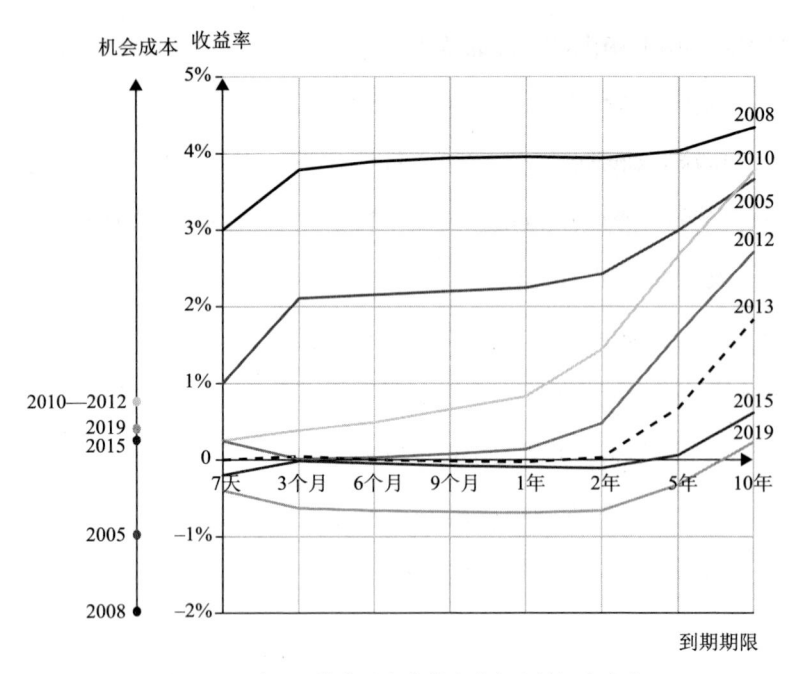

图 10-3 欧元区的收益率曲线和准备金的机会成本

从 2010 年开始，欧元危机从金融部门蔓延到主权债务市场。欧洲中央银行不仅用足了常规政策（实际上已经达到了常规政策的极限），将主要再融资操作利率一路下调至 0.25%，还明确表示未来利率会保持在低位。尽管当时对欧洲中央银行法定职责的解释是，它不能直接购买政府债券，但它还是宣布了一项贷款计划，即长期再融资操作（LTRO），称银行可以购买政府债券，并在很长一段时期内将其交给欧洲中央银行，以换取准备金贷款。因此，尽管前瞻性指引和量化宽松都没有被欧洲中央银行正式采纳，但是它们的隐性版本实际上已经被采用了。其结果是，到 2012 年初，收益率曲线与 2010 年的相比几乎平行下移。

从那时起，欧洲中央银行全力推行各种非常规政策。2012 年，欧洲中央银行宣布了一个直接货币交易（OMT）计划，但该计划从未真正实施；通过该计划，它可以从陷入财政困难的特定欧元区国家购买主权债券。对准备金需求的饱和满足也达到了极限，到 2013 年 11 月，主要再融资操作利率与存款利率之差仅为 0.25%。而且从 2013 年 7 月开始，欧洲中央银行明确表示要进行前瞻性指引——其政策会议的官方声明称，将在更长时间内保持低利率。从 2015 年 1 月开始，欧洲中央银行实施了大规模的资产购买计划，即量化宽松，并在整个欧元区范围内购买资产。因此，在 2012—2015 年，收益率曲线大幅走平，并在 2019 年前保持平坦。

收益率曲线变动的另一面是欧洲中央银行资产负债表的变化。通过饱和满足对准备金的需求，欧洲中央银行资产负债表的规模从 2007 年初的 1.2 万亿欧元增长到 2015 年底的 2.8 万亿欧元，再到 2017 年底的 4.5 万亿欧元。它直接持有的证券（而不是抵押贷款计划）的比例从 2007 年初的 10%，上升到 2015 年底的 43%，再到 2017 年底的 60%。反过来，在其贷款计划中，长期业务的份额从 2007 年初的 27%，上升到

2015年底的84%，到2017年底更是达到100%。在实施这些政策的过程中，欧洲中央银行因其在财政上的自立而承担了重大风险。在中央银行的资产净值严重为负的情况下，其他中央银行可以指望财政当局承诺提供支持，但是与它们不同，由于欧洲财政政策的分散性，欧洲中央银行缺乏明确的财政支持。[7]

第十一章
财政政策和实际利率

时至今日,大萧条仍然蔚为金融危机中的"女王",因为它使许多国家经历了过去一个世纪中最大规模的宏观经济衰退。由于财政政策在结束大萧条的过程中发挥了重要作用,这方面的经验导致了这样一种认识,那就是,在衰退期间,应该让公共赤字增加。这种认识此后一直指导着宏观经济政策。至于为什么会这样,则存在两种不同的观点。

第一种观点通常被归入新古典主义的大旗下,基于这样一个原则,即大多数税收和转移支付项目都会扭曲经济行为,而且这些扭曲会随着时间的推移而加剧。当经济活动在衰退期间下降时,保持税率和社会项目的规模不变就意味着财政收入下降和支出增加,从而导致公共赤字。在经济衰退期间加税或削减补贴,就是在工作、生产和投资本就陷入低迷的时候进一步打击它们。公共赤字应该是逆周期的，变动方向应该与产出相反。

另一种观点经常被贴上凯恩斯主义的标签，认为经济衰退是在私人储蓄过高，超过了社会所期望的水平的时候发生的。硬币的另一面是，私人支出和生产都太低了。如果政府增加支出或削减税收，就可以减少公共储蓄，使经济更接近理想状态。与此同时，更多的政府支出可以提高民众对商品的需求，而较低的税收收入可以提升私人消费，这两者都会导致产出增加。

当然，这两种观点都没有考虑经济衰退是否伴随着金融危机。如果经济衰退确实伴随着金融危机，那么就会有新的因素与这些机制相互作用。它们为在衰退期间增加公共赤字提供了进一步的论据。

重新审视储蓄和投资

全球经济是封闭的（我们人类尚未与其他星球进行贸易），所有投资必定来自某人的储蓄，无论是私人储蓄还是公共储蓄。[1] 在做出储蓄决策时，私人行为主体关心的是储蓄的实际后果和实际回报。实际利率 r 是做出储蓄决策时要考虑的关键相对价格。投资政府名义债券（承诺支付是以货币为单位的）

的预期实际回报，等于名义利率 i 减去预期通胀率 π^e，这反映了货币相对于实际商品的价值损失。因此，在一阶近似下，套利的力量决定了 $r = i - \pi^e$，这意味着实际投资和名义债券有相同的预期回报。

当实际利率更高时，家庭会希望推迟消费、增加储蓄，以抓住可以获得更高回报的机会。因此，储蓄供给曲线是向上倾斜的，如图 11-1 所示。再来讨论投资。随着实际利率的上升，从边际回报看值得投资的项目越来越少，因此投资需求将下降。储蓄曲线与投资曲线在 A 点相交，该点决定了全球均衡实际利率 r^*。

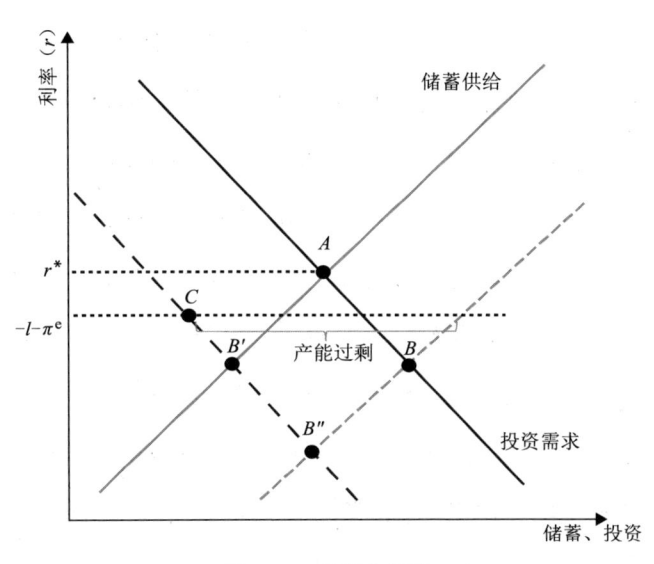

图 11-1 投资和储蓄

前述新古典主义观点的一个应用是将经济衰退视为生产率下降的时期，因此投资需求曲线向左移动。此时投资减少，如果对投资征收的税率固定不变，税收收入就会下降。但提高税率会使投资需求曲线进一步向左平移，降低投资回报率，加深衰退。而前述凯恩斯主义观点的一个应用是，人们会变得悲观并改变储蓄行为，使经济远离 r^*。通过让公共储蓄减少（赤字）或让公共储蓄增加（盈余），财政政策可以将总储蓄曲线移回初始位置。

这个框架指出了金融危机可能导致 r^* 下降的三种力量。储蓄的第一个驱动力是，家庭希望在工作期间将资源储存起来，以维持退休后的生活水平。这些储蓄部分流向了安全资产，而安全资产是通过经济中其他行为主体（如退休家庭）的负储蓄（即对储蓄的动用）产生的。储蓄和负储蓄相抵后的净值就是图 11-1 中的总储蓄线，用于金融投资。

现在，危机过后，金融市场生产这些安全资产的能力下降了。希望动用储蓄的家庭和希望进行储蓄的家庭，都缺少恰当的工具，因此后者转而投资于实际项目，增加资本存量，并计划在未来想要动用储蓄时出售资本存量。这意味着储蓄曲线向右移动（如图 11-1 所示），因此当经济沿着投资曲线移动到 B 点时，r^* 随之下降，人们会进行许多低生产率的投资。甚至有可能出现这样的情况：r^* 如此之低，以至于经济已经变成动态无效率的，每个家庭都可以通过增加消费而不是以如此低的回报率储蓄变得更富裕，只要其他所有家庭都这么做，从而推高实际利率。金融危机后的公共赤字创造了一种安全资产——政府债券。这种政府负储蓄可以将总储蓄供给曲线向左移动，提高 r^*，并可以使经济回到 A 点附近。

家庭储蓄的第二个驱动因素是应对未来的不利收入冲击。由于担心将来可能会失业，或者患病需要接受费用昂贵的治疗，人们进行储蓄，以保证未来能够承担意外的开支、维持自己的生活水平。任何一场深重的金融危机都伴随着失业率的上升，许多工人都会面临失业的风险。经济陷入深度衰退的时候，即便能够侥幸保住工作，收入风险也仍然会大幅上升，因为一些人的工作时间或加班时间会减少（尽管也有一些人不会）。在意识到不确定性增加的时候，人们就会增加预防性储蓄。这样储蓄曲线再一次向右移动，经济最终会稳定在 B 点处，r^* 较低。甚至还会出现乘数效应，因为支出减少加深了衰退，增加了风险，刺激了额外的储蓄。

有一种有效的公共政策可以用来应对预防性储蓄对衰退的这种乘数效应。所有发达经济体都构建了一个提供社会保险的安全网：那些失去工作的人可以领取失业救济金；那些收入下降的人只需缴纳较低的所得税；人们如果遭受了非常严重的不幸，还有贫困救济和灾难性医疗保险来兜底。这些都可以降低家庭面临的税后、转移支付后的收入风险。在经济衰退时，这些保障可以减少预防性储蓄的增加，从而在一开始就防止了储蓄供给向右移动，因而也就稳定了 r^*。与此同时，随着越来越多的人有资格获得转移支付、越来越少的人需要纳税，预算赤字也就不可避免。由于社会保险取决于个人特征，赤字会自然而然地产生，因此无须为应对危机而改变政策。正因为如此，它们也被称为自动稳定器。

家庭储蓄的第三个驱动力涉及投资。大多数单个投资项目的回报都有一些特殊风险。因为这种风险部分取决于只有企业家知道的项目特征，而且企业家可以通过自己的努力以某种没有人能准确衡量的方式影响这些回报，所以通过在私人市场投保来防范这些风险，措施十分有限。此外，企业家的人力资本是与项目紧密联系在一起的，没有他们，项目的资产就不会有如此高的生产力。因此，企业家的金融资源必须用于企业经营，这样他们对自己的人力资本的运用才真正说得上是一种风险共担。

在金融危机期间，这种特殊的投资风险会通过多种渠道上升。私人保险市场退缩了，因此可以分散的风险变得更有限了。银行削减了贷款，因此企业家必须动用更多的资源来维持项目运行，从而要承担更多的风险。此外，在金融企业破产后，它们筛选项目并排除风险较高的项目的专业知识也会随之消失。通常，政策制定者会选择收紧金融监管，以便让金融企业承担更少的风险，这样一来，这些风险就只能留给企业家来承担。综合来看，异质性风险的增加使得投资需求向左移动。当经济移动到图中的 B' 点处时，这与供给的向右移动有类似的影响：降低了 r^*。公共赤字会直接将储蓄供给向左平移，从而使 r^* 回升。此外，公共赤字还意味着政府债券的发行，从而为企业家提供了一个安全的避风港，使他们可以在投资组合中持有高风险项目。这样就提高了他们承担这些项目的意愿，抵消了最初投资的下降。

在深度危机期间，这个市场还会出现另一个重要的金融问题。通过迄今为止强调的所有机制，供给曲线可能会充分向右移动，而需求曲线可能会充分向左移动，新的交点可能处于实际利率显著为负的地方。假设预期通胀率固定不变（因为企业的价格是有黏性的，或者人们信念的转变是迟滞的），这个新的交叉点可能远远低于 $-\pi^e$。然而，这将需要一个显著为负的名义利率。但那是不可能的，因为那样的话，人们将只会把纸币和硬币储藏起来。当初的设计决定了货币的名义利率为零，因此考虑到保管货币的成本，其预期回报率应该略低于零。这一回报率为经济中的名义利率设定了一个有效下限，我们将它记为 $-l$（反转利率）。因此，实际利率的有效下限为 $-l-\pi^e$。

如果储蓄的需求曲线和供给曲线的交点低于这个下限，那么经济就不会处于图 11-1 所示的 B'' 点。相反，经济将会处于 C 点，实际利率处于下限，预期储蓄则超过了投资。这种储蓄过剩的另一面是生产和消费不足。于是 C 点的衰退将比 B'' 点本来可能发生的衰退更加严重。

预算赤字会使储蓄曲线向左移动，起初对实际利率没有影响。因此，公共赤字一个单位的增量，会直接带来投资一个单位的增量，这可能会使经济中的闲置产能得到利用，从而导致产出的更高增长。在超过有效下限后，赤字会提高利率，从而挤出私人投资。在下限处，预算赤字具有更高的乘数（乘数是衡量预算赤字对产出影响的指标）。此外，政府支出的增加往往会提高通胀预期，从而降低有效下限，而这本身就会通过允许实际利率进一步下降来刺激经济。[2]

2020 年新冠疫情期间储蓄的增加

在 2020 年 2 月至 3 月期间，西方许多发达经济体为了应对新冠大流行而封锁了经济，从而导致了创纪录的单季度GDP下降。这场衰退对不同经济部门、不同阶层的影响是不一样的。许多人保住了工作，适应了远程办公，收入几乎没有下降。也有许多人发现自己的收入一下子归零了，生活无法维持。政府的应对措施是向企业和家庭进行巨额转移支付，以防止企业倒闭，缓解民众经济困难。

在美国，这种转移支付的规模如此之大，以至于私人经济的可支配收入（等于国民收入加净转移支付）在2019年第三季度和2020年第三季度之间增长了惊人的8.0%。尽管国民收入下降了，但政府这一年的支出仍然远远超过了税收。另一端，在欧盟，政府提供的财政支持要少得多，于是经济衰退更严重，其可支配收入下降了3.7%。英国则介于两者之间，可支配收入增长了2.5%。

图11-2显示了这三个经济区的储蓄率。在这三个经济区，储蓄在2020年都出现了飙升，增幅为2~5倍，这是几十年来从未有过的。至少有两种观点可以帮助我们理解这种增长，并解释接下来会发生些什么。

一种观点认为，2020年消费之所以下降，是因为人们无法获得许多日常消费所用的商品和服务，这些都不过是"强制性"储蓄。如果确实是这样，那么随着新冠疫情的结束和经济活动的全面开放，储蓄会下降，而且会超降（降幅超过

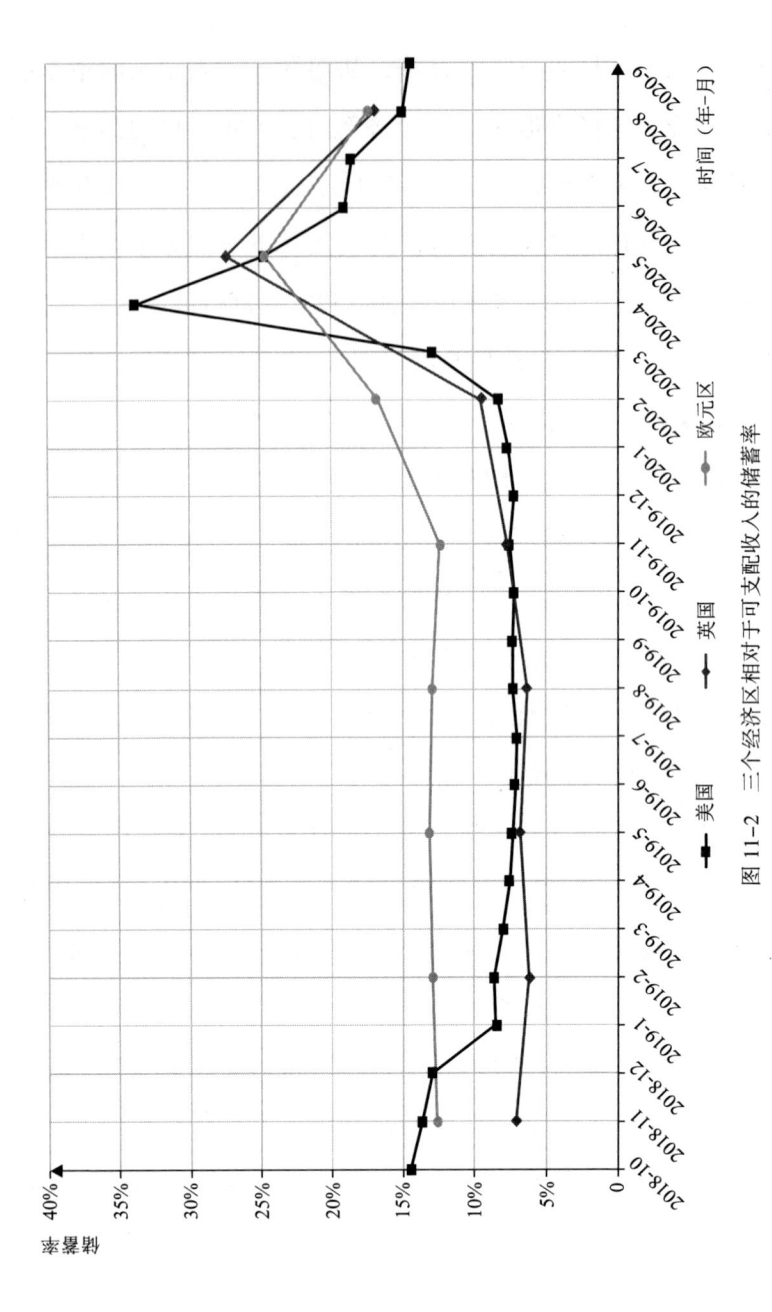

图 11-2 三个经济区相对于可支配收入的储蓄率

通常水平）。由于2020年的储蓄过多，美国家庭将会急于将储蓄存量调整回理想的水平，从而导致大规模的消费热潮。这将推动经济活动迅速从衰退中复苏。因此，进一步的政府赤字将是不必要的，财政政策将转向偿还2020年积累的公共债务。

与这种观点相反，另一种观点则认为，储蓄的增加可能部分或全部反映了预防性储蓄的增加。担心家人健康和经济福祉的家庭，或许是因为对疫情流行会不会结束持悲观态度，或许是因为他们预计会出现裁员和企业倒闭潮，又或许是因为他们认为自己将要承担更高的个人风险，从而增加了储蓄。如果确实是这样，那么高储蓄存量很可能会持续到未来。不过，随着储蓄流量的调整，人们应该还是会看到2021年和2022年将出现消费热潮，但是不会那么极端。

对本书的读者来说，重要的是理解2020年经济衰退的宏观金融组成部分，这有助于理解政策制定者面临的权衡取舍，并指出应该衡量和理解哪些因素，从而厘清主导因素到底是什么。

美国大萧条的结束

1929—1933年，美国经历了其历史上最严重的经济衰退。

1929年10月，美国股市出现大崩盘，道琼斯工业平均指数在短短5天时间内就跌去了25%的价值；此后一直到1954年，它才回到之前的峰值。1933年初，52%的农场抵押贷款拖欠不还。银行倒闭潮一波紧接着一波，到1933年，1929年正常运营的银行中只有略多于一半仍然存活。在宏观经济层面，工业产出连续4年下降，产出下降的幅度为30%~40%（具体取决于所用的衡量标准）。相比之下，第二次世界大战后，典型的经济收缩一般只会持续一年。直到今天，美国大萧条仍然可以说是所有宏观金融危机之"母"。

从大萧条开始之日起，直到20世纪40年代中期，3月期名义利率几乎为零。众所周知，凯恩斯将大萧条之初的私人支出下降和实际利率下降归咎于人们的"动物精神"，即人们希望增加储蓄以应对所有的不确定性，但是这样做只会导致收入进一步下降，最终导致储蓄减少，出现所谓的"节约悖论"。与此同时，在1929—1933年，美国经济经历了通货紧缩，价格水平累计下降了30%。虽然在那个时代还没有出现直接衡量通胀预期的指标，但是历史学家们都认为，当时家庭、企业和投资者都预计价格会继续下跌。在预期通胀率为负的情况下，当时利率有效下限很可能已经接近于零了。所有因素合到一起意味着，在那十多年间，美国经济的特征可以用图11-1中 C 点的情况来概括。

经济复苏始于 1933 年，恰与富兰克林·罗斯福的当选时间相吻合。随之而来的是美国政策的突然改变，其中包括共同努力推高通胀预期，并让美元相对于黄金贬值。当然更加著名的是罗斯福新政的庞大支出计划，它们伴随着巨额公共赤字和政府支出。在接下来的 4 年里，经济迅速反弹，产出增长 29%，价格上升 13%。

不久之后发生的第二个事件也为如下这个观点提供了一定支持。在宏观金融危机期间，政府赤字能够刺激经济，特别是在利率有效下限处。美国的经济复苏在 1937—1938 年停滞不前，当时人均产出刚刚达到大萧条前的峰值。这种情况导致人们担心宏观金融危机将使美国永久性变穷。[3] 然而，从 1940 年开始，经济增长加速，因此到 20 世纪 40 年代后半期，产出又回到趋势线以上。复苏的第二阶段，恰逢第二次世界大战：二战于 1939 年 9 月全面爆发，美国则于 1941 年 12 月参战。

在 1940 年初，美国似乎很有可能马上参战，军费开支随之激增。图 11-3 既显示了实际的政府总支出（其从 1939 年底占 GDP 的 15% 增加到了 1944 年的近 50%），也显示了一系列关于未来军事支出计划的新闻给出的数据。不出所料，这些计划早于实际支出。图 11-3 还显示了产出的路径：一旦开始制订支出计划、宣布支出计划，产出就会加速。使用这些

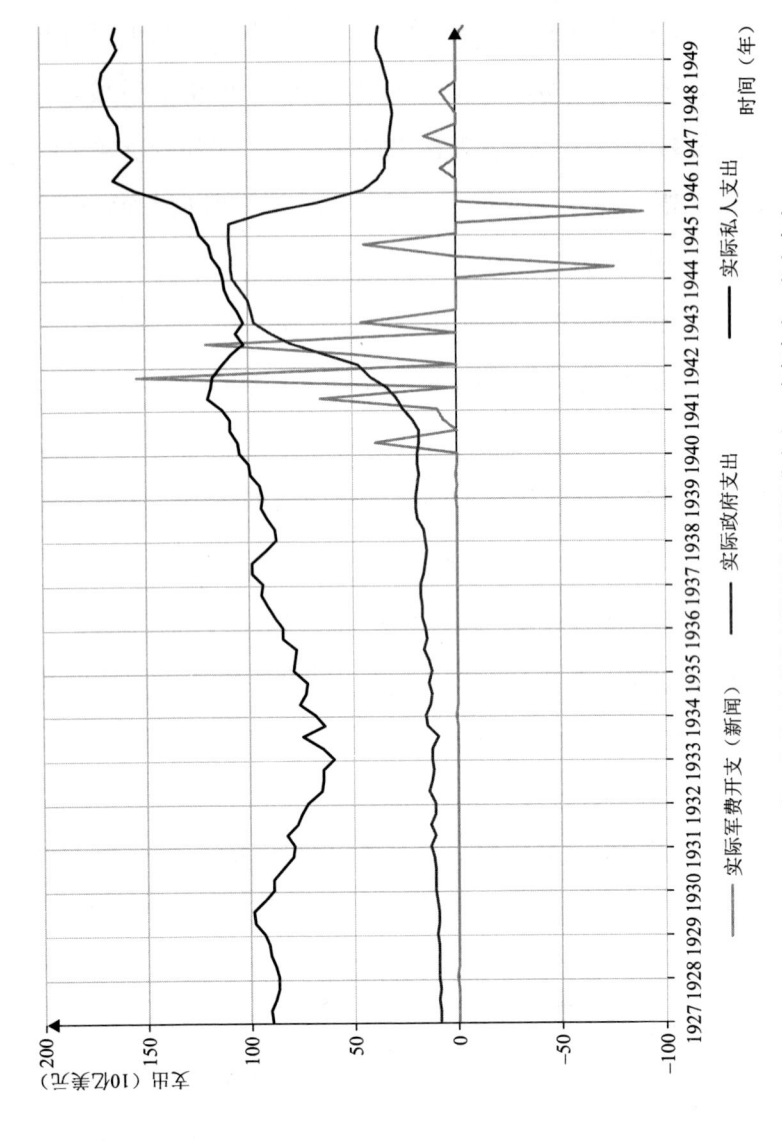

图11-3 第二次世界大战期间美国的实际军费支出、政府支出、私人支出

数据的正式计量经济学估计发现，尽管国防支出对产出的影响通常小于 1，但当经济处于利率有效下限时，它会跃升至 1.5。[4]

第四部分

结语

第十二章
结论

　　任一经济体都可能会经历宏观金融危机。这种危机既不是单纯的金融市场危机（资产价格和交易量发生巨大变化，但是对宏观经济的影响有限），也不是传统的宏观经济危机（金融部门在将冲击传导至产出和就业波动方面只起到次要作用）。与此相反，宏观金融危机的源头或主要放大器都在金融市场上，它们会产生巨大的宏观经济效应，而且宏观经济政策和金融机构之间的相互作用是通过多种强化渠道发生的。

　　本书向读者介绍了与宏观金融危机相关的10个核心宏观金融概念。在危机的酝酿阶段，由于每个投资者都试图预测其他人会做些什么，泡沫将会出现并持续存在。追逐泡沫、金融自由化或过于乐观的预期带来的大量资本流入，伴随着部门之间和部门内部的实际错配。作为这些资金的中介，银行则发现，随着杠杆率的上升，融资变成由按市值计价的证券作为抵押品，它们的资产负债表也发生了变化。

在最初的冲击之后，流动性螺旋和资产抛售会产生策略互补性，从而放大冲击或生成多重均衡，导致金融市场的系统性失灵，并延伸到实体经济活动中。在危机的核心，以前对债务的使用使得人们很难区分偿付能力和流动性，从而导致支付的利率大幅波动。到了这个时候，银行持有的政府债券就会将金融部门与政府财政政策捆绑在一起，使两者同时"下沉"。随着投资者全力逃往安全资产，安全资产供应的地区失衡可能导致代价高昂的资本流动。

在复苏过程中，投资可能依然持续低迷，而汇率贬值则伤害了债务人，拖累了经济复苏。为此，中央银行可以向银行提供流动性，以此来帮助市场区分偿付能力危机和流动性危机；但是为了对抗衰退，中央银行还必须采取非常规货币政策，包括准备金饱和提供、前瞻性指引和量化宽松等，这些政策都通过改变中央银行资产负债表的构成来对不同利率产生影响。财政政策必须通过增加负公共储蓄或提供自动稳定器来抑制对安全资产的需求，同时关注支出的构成及其相关乘数。

本书讨论的10个概念相互联系，为理解宏观金融危机如何出现、如何发展以及怎样化解提供了工具。

注释

第一章　导论

1. 与本书最接近的可能是 Kindleberger（1978）、Montiel（2014），以及 Reinhart 和 Rogoff（2009）的著作。这些著作也介绍了与宏观金融崩溃有关的理论，并且引述历史事件来进行说明。不过，前两本书更侧重于案例研究而非理论，第三本书则侧重于主权债务危机。

第二章　泡沫与信念

1. 如 Kindleberger（1978）所述。
2. 关于各种基于不同信念的交易模型以及它们如何导致泡沫的介绍，参见 Scheinkman（2014）的研究。对于诸多与泡沫有关的历史事件的讨论，参见 Garber（2000）以及 Quinn 和 Turner（2020）的研究。

3. 价格的螺旋式下跌，通常会因为追加保证金和资产负债表恶化而加速。如果价格的上涨是由信贷提供资金的，那么就会出现放大效应和溢出效应，而它们可能会导致经济低迷时期的严重超调。

4. 凯恩斯这样写道：“在这种情况下，每个人都不选他自己真正认为最美的人，也不选一般人真正认为最美的人，而是运用智力，推测一般人认为一般人认为最美的人。这已经到了第三阶推测，而且我相信有些人会运用到第四阶推测、第五阶推测，甚至更高阶推测。"

5. 这导致日本银行创新了许多政策工具，我们将在本书第十章详细讨论这些政策工具。

6. 本节中的证据基于 Brunnermeier 和 Nagel 的研究（2004）。

7. 这正是我们将在第五章讨论的重点。

第三章　资本流入及其（错误）配置

1. 第二章描述的泡沫本身就是一种错配。当人们在泡沫中浮浮沉沉之时，就是在将财富从更具生产性的用途上转移出来。这一点在我们讨论过的日本或美国的案例中尤为明显（在这些案例中，泡沫来自土地或住房）。当这种情况发生时，大量资源都会被吸引到新建筑的建设当中去。最后，作为一个补充渠道，驾驭泡沫的愿望也可能是资本流入的首要原因之一。

2. 如第二章所述。

3. Diaz-Alejandro（1985）在他早期的一项经典研究中提出的错配假说，适合分析智利的情况；Reis（2013）对欧元危机背后原因的分析，是关于衰退和崩溃的错配理论的现代陈述。Fernández-Villaverde、Garicano 和 Santos（2013）最早阐述了政治和金融的相互作用如何导致错配。

4. 有关葡萄牙这场危机的更多数据和相关讨论，请参考 Reis（2013）的研究，以及 Dias、Marques 和 Richmond（2016）的研究。关于西班牙的后续实证应用，请参考 Gopinath 等人（2017）的研究，以及 Castillo-Martinez（2020）的研究。

5. 关于智利的发展和我们使用的数据的更多信息，请参考以下研究：de la Cuadra 和 Valdés（1990）、Galvez 和 Tybout（1985），以及 Arellano（1985）。

第四章　银行以及其他金融机构

1. 除了在期限转换方面扮演的角色，银行还扮演着其他一些角色，这些角色在前面几章已经讨论过了。首先，银行经常会贷款给（我们在第二章讨论过的）试图驾驭泡沫的乐观主义者和投机者。其次，正如我们在第三章详细探讨的那样，银行往往是资本错配的罪魁祸首。关于银行的期限错配和银行挤兑的经典参考文献，参见 Diamond 和 Dybvig（1983）的研究。

2. 关于相关的经验证据，参见 Blickle、Brunnermeier 和 Luck（2019）的研究。

3. 有关现代银行及其融资行为的讨论，参见以下研究：Brunnermeier（2009），Admati、Hellwig（2014），以及 Gorton（2010）。

4. 这就给出了第三章描述的之外的一个新的错配维度。

5. Santos（2017）对西班牙银行业进行了深入的讨论。Gorton 和 Tallman（2018）介绍了更多有类似动态机制的历史事件。

第五章　系统性风险及其放大和传播

1. 关于抛售与流动性的模型分析，参见以下研究：Shleifer 和 Vishny（2011），以及 Brunnermeier 和 Pedersen（2009）。

2. 为什么银行不发行新的股本呢？一方面，如果新股东担心银行存在隐性损失，或者担心不良反馈循环将放大冲击，那么他们就可能会对投资该银行持谨慎态度。另一方面，现有的股东也可能反对，因为发行新的股本会兑现账面亏损，降低他们对银行的持股份额并使他们失去对银行的部分控制权。因此在通常情况下，由于现有的股东试图将资金从银行转移出去，银行的股本在危机期间只会日趋枯竭，而不会有新的注入。

3. 关于 ΔCoVaR 估计值，参见 Adrian 和 Brunnermeier（2016）的研究。

4. 要了解关于这些危机的更多信息，请参阅以下研究：Radelet 和 Sachs（1998），Corsetti、Pesenti 和 Roubini（1999），以及 Kaminsky、Reinhart 和 Végh（2003）。

第六章　偿付能力与流动性

1. 关于短期债务如何成为约束借款人的工具，参见如下研究：Calomiris 和 Kahn（1991），以及 Diamond 和 Rajan（2001）。

2. 从数学角度来看，违约时的期望还款额为（1–F）F，即还款概率与还款额的乘积。当债务全部偿还时，期望还款额是它的概率 F 乘其期望值 $F/2$。这两项之和为 $F-F^2/2$，这也就给出了贷款人的预期收益。

3. 从数学角度来看，这就是 $(1–F)F$。

4. 从数学角度来看，如果 i 是债务的利率，那么 $q(1+i)$ 就等于债务的预期收益。当不存在金融摩擦时，收益为 $F-F^2/2$；当存在金融摩擦时，收益则为 $F-F^2$。

5. Brunnermeier、Eisenbach 和 Sannikov（2013）提供了更多关于金融摩擦和偿付能力与流动性的信息。

6. 该图和背景材料摘自 Blickle、Brunnermeier 和 Luck（2019）的研究。

7. 信用违约互换（CDS）数据采用的是 5 年期希腊债券 CDS 利差的数据，并计算了合同期限内的隐含违约概率，假设违约事件符合泊松分布，且回收率为 35.4%，这是根据 Cruces 和 Trebesch（2013）得出的实际值。

8. 有关希腊危机的更多信息，参见以下研究：Gourinchas、Philippon 和 Vayanos（2016），以及 Chodorow-Reich、Karabarbounis 和 Kekre（2019）。

第七章　私人部门和公共部门之间的联结

1. 在大多数经济体中，银行和政府之间存在十分紧密的联系（本书前面不同章节讨论了其中一些联系）。通常，公共部门会在某些部门（如教育、卫生，以及通过公共工程进行的建设）占有很高的比重，因此政府会通过提供担保、发放补贴等途径鼓励银行向这些部门配置资本，如第三章所述。银行会直接贷款给政府（尤其是地方政府）和上市公司，但后者的流动性特别差，其后果本书第四章已有讨论。在有些比较小的国家，政府债券在没有发生危机时很容易出售，但是在主权债务危机期间，它们可能会变得流动性严重不足，并且可能被抛售，从而引发第五章描述的策略互补性。此外，正如我们在第六章所讨论的，偿付能力和流动性之间的区别，对政府和企业都是非常重要的。由于银行同时向两者放贷，因此偿付能力和流动性问题也会溢出到银行。

2. 关于这里所说的"恶魔循环"，更多细节参见Brunnermeier等人（2016）的研究。最早将这种现象称为"恶魔循环"的是Brunnermeier等人（2011）的一项研究。Obstfeld（2013）更喜欢称之为"末日循环"，Farhi、Tirole（2018）则称之为"死锁"（deadly embrace），Acharya、Drechsler和Schnabl（2014）直接将其命名为"银行–国家联结"。在欧洲，专家们在政策演讲中经常称之为"负反馈循环"。我们在这里使用了"恶魔循环"一词，不过这些术语都是等同的。

3. 信用违约互换利差衡量的是市场上为防范违约而收

取的保险费。在图中，我们计算了该国三家最大银行的平均 CDS 利差。

4. 这些都会通过我们在第五章讨论的融资螺旋被放大。

5. 关于源于欧洲的证据，参见以下研究：Acharya、Drechsler 和 Schnabl（2014）；Altavilla、Pagano 和 Simonelli（2017）；以及 Ongena、Popov 和 Van Horen（2019）。

6. 参见我们在第五章的讨论。

7. 关于阿根廷这场危机的更多信息，参见 Sturzenegger 和 Zettelmeyer（2006）的研究。关于世界各地发生的"恶魔循环"，参见 Gennaioli、Martin 和 Rossi（2018）的研究。

第八章　逃向安全资产

1. 关于安全资产及其特征，以及对逃向安全资产现象的模型，参见以下研究：Brunnermeier、Merkel 和 Sannikov（2022），以及 Calvo（1998）。

2. 通过对各国变量进行加权平均来计算这些总变量，权重则由每个国家在一段时间内的平均 GDP 决定。这里的收益率指的是 10 年期政府债券收益率。

3. 关于欧元区的资本流动，参见 Lane（2012）的研究。

4. 如何设计这样一种债券是至关重要的，不然它产生的问题可能比它解决的问题还多。假设发行了"欧洲债券",即一种欧洲所有地区共同承担还款责任的债券(如果某个地区不愿还款,那么差额就必须由其他地区去弥补),就会产生巨大的道德风险。另一种方法是发行主权债券支持的证券(BBS 或 ESBies),这种方法能够消除连带还款责任,因此不会造成上述扭曲。更多的细节参见 Brunnermeier 等人(2011)以及 Huang(2019)的研究,前者分析了欧元区的情况,后者分析了全球新兴经济体的情况。

第九章 汇率政策与复苏速度

1. 货币的预期贬值或升值,可能导致海外投资的巨大预期损失或收益。因此,我们在第二章讨论的信念变化的影响也适用于汇率,即信念改变是人们对一国货币进行投机性攻击的重要原因。此外,当汇率发生变化时,该国在国外交易的商品和服务的相对价格也会发生变化,这会导致这两个部门之间的错配(我们在第三章讨论过)。评估一个主权国家的偿付能力和流动性,主要困难在于违约或货币贬值都可能导致外国投资者的低回报,这一点在第六章已经讨论过了。正如第八章所讨论的,当资本跨境逃向安全地带时,会引发汇率的调整。汇率是平衡市场的关键宏观经济价格,也是创造风险和回报的关键金融价格。

2. 本节的模型建立在以下两项研究的基础上：Céspedes、Chang 和 Velasco（2003），Calvo、Izquierdo 和 Talvi（2006）。

3. Calvo 和 Mendoza（1996），以及 Calvo 和 Mendoza（1999）提供了墨西哥危机的更多细节。

4. 关于金融危机后的缓慢复苏，参见 Cerra 和 Saxena（2008），以及 Fernald 等人（2017）的研究。

第十章 新常规货币政策

1. Reis（2016）讨论了准备金饱和在货币政策中的作用。

2. 中央银行以及它的贷款能力，作为对某些问题的补救措施，本书前几章已经介绍过。在第四章关于银行的讨论中，我们指出中央银行可以提供存款保险，因为它们可以无限量地放贷给银行。尽管有些现代银行并没有被纳入存款保险范围（这使得它们特别脆弱），事后中央银行也仍然经常会通过贷款计划进行干预。在第五章中，当存在多重均衡时，作为金融市场的"大玩家"，中央银行有时可以将信念协调到好的均衡上。正如我们在讨论爱尔兰的案例时指出的那样，向银行放贷以弥补损失的批发融资可以阻止危机。在第六章中，我们讨论了国际货币基金组织作为国际最后贷款人发挥的作用，在国内，这一角色是由本国的中央银行扮演的。当然，中央银行也在"恶魔循环"中起作用，因为正如第七章所讨论的，提高银行在中央银行持有部分存款的要求是一种常见的金融抑制形式。在第八章中，我们描述了欧洲中央银行发挥的重要作用，首先是通过使用欧元消除了欧洲不同地区之间的汇率风险；然后是在危机期间化解了对重新定价风险的担忧，这在很大程度上是通过购买外围国家的政府债券实现的；最后，正如第九章所讨论的，钉住汇率实际上涉及对中央银行负债的供给的控制。

3．这已经在第二章讨论过。

4．这已经在第五章讨论过。

5．Dell'Ariccia、Rabanal 和 Sandri（2018），以及 Bernanke（2020）讨论了日本货币政策演变的各个阶段。

6．正如我们在第八章讨论过的，因为没有整个欧元区范围的安全债券，这条收益率曲线是由欧洲中央银行通过对欧元区不同地区的主权债券利率求平均值构建出来的，前提是这些债券的评级为 AAA，因此可以被认为几乎没有违约风险。

7．有关欧洲中央银行政策的描述，请参见 Hartmann 和 Smets（2018）的研究。

第十一章 财政政策和实际利率

1. 第九章和第十章的模型分别讨论了外国储蓄如何为国内私人投资融资，以及中央银行如何影响名义利率。

2. 关于 r^* 的演变及其背后的可能原因，参见 Rachel 和 Summers（2019）的研究；关于预防性储蓄如何加深衰退，参见 Ravn 和 Sterk（2017）的研究；关于自动稳定器的作用，参见 McKay 和 Reis（2016）的研究；关于利率为零时的乘数，参见 Eggertsson 和 Egiev（2020）的研究。

3. 第九章讨论了宏观金融危机的持续影响，有时甚至是永久性的影响。

4. 对相关证据的进一步讨论，参见 Ramey 和 Zubairy（2018）的研究，以及 Ramey（2019）的研究。

参考文献

Acharya, Viral V., Itamar Drechsler, and Philipp Schnabl. 2014. "A Pyrrhic Victory? Bank Bailouts and Sovereign Credit Risk." *Journal of Finance,* 69(6): 2689–2739.

Admati, Anat, and Martin Hellwig. 2014. *Bankers' New Clothes.* Princeton University Press.

Adrian, Tobias, and Markus K. Brunnermeier. 2016. "CoVaR." *American Economic Review,*106(7): 1705–1741.

Altavilla,Carlo,Marco Pagano, and Saverio Simonelli. 2017. "Bank Exposures and Sovereign Stress Transmission." *Review of Finance,* 21(6): 2103–2139.

Arellano, José Pablo. 1985. "De la Liberalizacion a la Intervencion: El Mercado de Capitales en Chile 1974–1983." *El Trimestre Económico,* 52(207(3)): 721–772.

Bernanke, Ben S. 2020. "The New Tools of Monetary Policy." *American Economic Review,*110(4): 943–83.

Blickle, Kristian, Markus K. Brunnermeier, and Stephan Luck. 2019. "Who Can Tell Which Banks Will Fail?" Princeton manuscript.

Brunnermeier, Markus K. 2009. "Deciphering the Liquidity and Credit Crunch 2007–2008." *Journal of Economic Perspectives*, 23(1): 77–100.

Brunnermeier, Markus K., and Lasse Heje Pedersen. 2009. "Market Liquidity and Funding Liquidity." *Review of Financial Studies*, 22(6): 2201–2238.

Brunnermeier, Markus K., and Lunyang Huang. 2019. "A Global Safe Asset for and from Emerging Market Economies." In *Monetary Policy and Financial Stability: Transmission Mechanisms and Policy Implications.* Vol. 26 of *Central Banking, Analysis, and Economic Policies Book Series*, ed. Álvaro Aguirre, Markus Brunnermeier, and Diego Saravia, Chapter 5,111–167. Central Bank of Chile.

Brunnermeier, Markus K., and Stefan Nagel. 2004. "Hedge Funds and the Technology Bubble." *The Journal of Finance*, 59: 2013–2040.

Brunnermeier, Markus K., Luis Garicano, Philip Lane, Marco Pagano, Ricardo Reis, Tanos Santos, David Thesmar, Stijn Van Nieuwerburgh, and Dimitri Vayanos. 2016. "The Sovereign-Bank Diabolic Loop and ESBies." *American Economic Review Papers and Proceedings*, 106(5): 508–512.

Brunnermeier, Markus K., Thomas Eisenbach, and Yuliy Sannikov. 2013. "Macroeconomics with Financial Frictions: A Survey." *Advances in Economics and Econometrics, Tenth World Congress of the Econometric Society.* New York: Cambridge University Press.

Brunnermeier, Markus, Luis Garicano, Philip R. Lane, Marco Pagano, Ricardo Reis, Tano Santos, David Thesmar, Stijn van Nieuwerburgh, and Dimitri Vayanos. 2011. "European Safe Bonds (ESBies)." Manuscript at www.euro-nomics.com.

Brunnermeier, Markus, Sebastian Merkel, and Yuliy Sannikov. 2022. "Debt as Safe Asset."NBER working paper 29626.

Calomiris, Charles, and Charles Kahn. 1991. "The Role of Demandable Debt in Structuring Optimal Banking Arrangements." *American Economic Review*, 81(3): 497–513.

Calvo, Guillermo A. 1998. "Capital Flows and Capital-Market Crises: The Simple Economics of Sudden Stops." *Journal of Applied Economics,* 1: 35–54.

Calvo, Guillermo A., Alejandro Izquierdo, and Ernesto Talvi. 2006. "Sudden Stops and Phoenix Miracles in Emerging Markets." *American Economic Review,* 96(2): 405–410.

Calvo, Guillermo A., and Enrique G. Mendoza. 1996. "Mexico's Balance-of-Payments Crisis: A Chronicle of a Death Foretold." *Journal of International Economics,* 41(3): 235–264.

Castillo-Martinez, Laura. 2020. "Sudden Stops, Productivity and the Exchange Rate." Duke University manuscript.

Cerra, Valerie, and Sweta Chaman Saxena. 2008. "Growth Dynamics: The Myth of Economic Recovery." *American Economic Review,* 98(1): 439–57.

Céspedes, Luis Felipe, Roberto Chang, and Andrés Velasco. 2003. "IS-LM-BP in the Pampas." *IMF Staff Papers,* 50(1): 143–156.

Chodorow-Reich, Gabriel, Loukas Karabarbounis, and Rohan Kekre. 2019. "The Macroeconomics of the Greek Depression." *CEPR Discussion Paper* 13762.

Corsetti, Giancarlo, Paolo Pesenti, and Nouriel Roubini. 1999. "What Caused the Asian Currency and Financial Crisis?" *Japan and the World Economy,* 11(3): 305–373.

Cruces, Juan J., and Christoph Trebesch. 2013. "Sovereign Defaults: The Price of Haircuts." *American Economic Journal: Macroeconomics,* 5(3): 85–117.

de la Cuadra, Sergio, and Salvador Valdés. 1990. "Myths and Facts about Instability in Financial Liberalization in Chile: 1974–1983." Instituto de Economia. Pontificia Universidad Católica de Chile. Documentos de Trabajo 128.

Dell'Ariccia, Giovanni, Pau Rabanal, and Damiano Sandri. 2018. "Unconventional Monetary Policies in the Euro Area, Japan, and the United Kingdom." *Journal of Economic Perspectives,* 32(4): 147–72.

Diamond, Douglas W., and Philip H. Dybvig. 1983. "Bank Runs, Deposit Insurance, and Liquidity." *Journal of Political Economy,* 91(3): 401–419.

Diamond, Douglas W., and Raghuram G. Rajan. 2001. "Liquidity Risk, Liquidity Creation, and Financial Fragility: A Theory of Banking."*Journal of Political Economy,* 109(2): 287–327.

Dias, Daniel A., Carlos Robalo Marques, and Christine Richmond. 2016. "Misallocation and Productivity in the Lead Up to the Eurozone Crisis." *Journal of Macroeconomics,* 49: 46–70.

Diaz-Alejandro, Carlos. 1985. "Good-bye Financial Repression, Hello Financial Crash." *Journal of Development Economics,* 19(1-2): 1–24.

Eggertsson, Gauti B., and Sergey K. Egiev. 2020. "A Unified Theory of the Great Depression and the Great Recession." Brown University manuscript.

Farhi, Emmanuel, and Jean Tirole. 2018. "Deadly Embrace: Sovereign and Financial Balance Sheets Doom Loops." *Review of Economic Studies,* 85(3): 1781–1823.

Fernald, John G., Robert E. Hall, James H. Stock, and Mark W. Watson. 2017. "The Disappointing Recovery of Output after 2009." *Brookings Papers on Economic Activity,* 1:1–89.

Fernández-Villaverde, Jesús, Luis Garicano, and Tano Santos. 2013. "Political Credit Cycles: The Case of the Eurozone." *Journal of Economic Perspectives,* 27(3): 145–66.

Galvez, Julio, and James Tybout. 1985. "Microeconomic Adjustments in Chile during 1977–1981: The Importance of Being a Grupo." *World Development,* 13(8): 969–994.

Garber, Peter M. 2000. *Famous First Bubbles.* MIT Press.

Gennaioli, Nicola, Alberto Martin, and Stefano Rossi. 2018. "Banks, Government Bonds, and Default: What Do the Data Say?" *Journal of Monetary Economics,* 98: 98–113.

Gopinath, Gita, Şebnem Kalemli-Özcan, Loukas Karabarbounis, and Carolina Villegas-Sanchez. 2017. "Capital Allocation and Productivity in South Europe." *The Quarterly Journal of Economics,* 132(4): 1915–1967.

Gorton, Gary. 2010. *Slapped by the Invisible Hand: The Panic of 2007.* Oxford University Press.

Gorton, Gary B., and Ellis W. Tallman. 2018. *Fighting Financial Crises: Learning from the Past.* University of Chicago Press.

Gourinchas, Pierre-Olivier, Thomas Philippon, and Dimitri Vayanos. 2016. "The Analytics of the Greek Crisis." *NBER Macroeconomics Annual,* 31: 1–81.

Hartmann, Philip, and Frank Smets. 2018. "The First Twenty Years of the European Central Bank: Monetary Policy." *Brookings Papers on Economic Activity,* Fall.

Kaminsky, Graciela L., Carmen M. Reinhart, and Carlos A. Végh.

2003. "The Unholy Trinity of Financial Contagion." *Journal of Economic Perspectives,* 17(4): 51–74.

Kindleberger, Charles P. 1978. *Manias, Panics, and Crashes.* John Wiley and Sons.

Lane, Philip R. 2012. "The European Sovereign Debt Crisis." *Journal of Economic Perspectives,* 26(3): 49–68.

McKay, Alisdair, and Ricardo Reis. 2016. "The Role of Automatic Stabilizers in the U.S.Business Cycle." *Econometrica,* 84(1): 141–194.

Mishkin, Frederic S. 1999. "Lessons from the Tequila Crisis." *Journal of Banking and Finance,* 23(10): 1521–1533.

Montiel, Peter J. 2014. *Ten Crises.* Routledge.

Obstfeld, Maurice. 2013. "Finance at the Center Stage: Some Lessons of the Euro Crisis."*European Economy,* 493.

Ongena, Steven, Alexander Popov, and Neeltje Van Horen. 2019. "The Invisible Hand of the Government: Moral Suasion during the European Sovereign Debt Crisis." *American Economic Journal: Macroeconomics,* 11(4): 346–79.

Quinn, William, and John D. Turner. 2020. *Boom and Bust.* Cambridge University Press.

Rachel, Lukasz, and Lawrence Summers. 2019. "On Secular Stagnation in the Industrialized World." *Brookings Papers on Economic Activity,* 1: 1–73.

Radelet, Steven, and Jeffrey D. Sachs. 1998. "The East Asian Financial Crisis: Diagnosis, Remedies, Prospects." *Brookings Papers on Economic Activity,* (1): 1–90.

Ramey, Valerie A. 2019. "Ten Years after the Financial Crisis: What Have We Learned from the Renaissance in Fiscal Research?" *Journal of*

Economic Perspectives, 33(2): 89–114.

Ramey, Valerie A., and Sarah Zubairy. 2018. "Government Spending Multipliers in Good Times and in Bad: Evidence from US Historical Data." *Journal of Political Economy,* 126(2):850–901.

Ravn, Morten O., and Vincent Sterk. 2017. "Job Uncertainty and Deep Recessions." *Journal of Monetary Economics,* 90: 125–141.

Reinhart, Carmen M., and Kenneth S. Rogoff. 2009. *This Time is Different: Eight Centuries of Financial Folly.* Princeton University Press.

Reis, Ricardo. 2013. "The Portuguese Slump and Crash and the Euro Crisis." *Brookings Papers on Economic Activity,* 46(1): 143–210.

Reis, Ricardo. 2016. "Funding Quantitative Easing to Target Inflation." In *Designing Resilient Monetary Policy Frameworks for the Future.* Jackson Hole Symposium: Federal Reserve Bank of Kansas City.

Santos, Tano. 2017. "El Diluvio: The Spanish Banking Crisis, 2008–12." Columbia University manuscript.

Scheinkman, Jose A. 2014. *Speculation, Trading, and Bubbles.* Columbia University Press.

Shleifer, Andrei, and Robert Vishny. 2011. "Fire Sales in Finance and Macroeconomics." *Journal of Economic Perspectives,* 25(1): 29–48.

Sturzenegger, Federico, and Jeromin Zettelmeyer. 2006. *Debt Defaults and Lessons from a Decade of Crises.* MIT Press.

译后记

很多人可能以为金融危机离自己的生活很远,但事实上,现代社会金融危机发生频率之高远远超出一般人的想象。特别是,金融危机如果发展为宏观金融崩溃,那么就有可能拖垮整个经济,危及所有人的生活质量。

马库斯·布伦纳梅尔和里卡多·雷斯指出,当金融危机蔓延到实体经济,并在重创实体经济后反过来再一次引发金融危机时,就会导致宏观金融崩溃。这种危机伴随着急剧而深刻的衰退,后果是数以百万计的人失业和民众收入的普遍下降,甚至影响国家基本制度的稳定。

在本书中,两位作者汇集和提炼了货币经济学和宏观经济学的前沿研究结果,确定了危机萌发的种子,揭示了危机触发、放大和蔓延的因素、机制和后果,并解释了预防和应对危机可以采取的财政政策和货币政策。全书主体内容共分10章，每一章都向读者介绍了一种关键的经济力量，然后利用模型和图表说明这种力量是如何推动金融危机的。在阐释理论的同时，本书还全面、深刻地描述了近几十年来发生的多次宏观金融危机，总结了一系列重要的经验教训。

如本书作者所述，在以往，金融经济学家和宏观经济学家之间似乎存在某种"天然"的分工：金融经济学家试图理解金融市场的狂热和恐慌，而宏观经济学家则忙于理解经济衰退和萧条。不过最近十多年以来，大量致力于剖析各个时期的金融市场和分析宏观经济剧烈波动原因的研究，都是在宏观经济学和金融学的交叉领域涌现的。前沿的综合交叉研究已经提供了许多新证据、新观点和新模型，为我们构建一个新的分析金融危机的框架创造了条件。本书就是一次非常成功的尝试，它提供的分析框架既清晰简洁，又强大深刻。

经济学研究和政策领域似乎存在一个有趣的"代沟"。政府决策时所依据的经济学思想和经济学模型，可能比大学经济学课程中讲授的思想和模型落后了一代甚至两代；而大学课程中讲授的经济学思想和模型，又可能比前沿研究落后了一代。由当今经济学前沿研究领域的两位领先经济学家撰写的本书，无疑有助于弥合上述断层。

能够完成此书的翻译，我最感谢的是太太傅瑞蓉，感谢她为我们家庭的付出及对我工作的支持和帮助。同时感谢小儿贾岚晴，他每天都在成长，并将不断学习的动力溢出给我。

贾拥民

写于杭州嵩谷阁